LA

PROSTITUTION EN FRANCE

DU MÊME AUTEUR :

Traité de l'Érysipèle, Paris, 1862.

Traité du diagnostic des Tumeurs, Paris, 1869.

Traité de la Syphilis, Paris, 1873.

Traité iconographique des Ulcérations et Ulcères de l'utérus, Paris, 1869.

La Chirurgie journalière, 2ᵉ édition, Paris, 1881, 1 vol. in-8º de 750 pages, avec figures.

Dictionnaire de thérapeutique médicale et chirurgicale, par A. DESPRÉS et BOUCHUT, 3ᵉ édition, Paris, 1877.

Pathologie chirurgicale de NÉLATON, 2ᵉ édition, t. V, additions et révision, Paris, 1882.

LA

PROSTITUTION EN FRANCE

ÉTUDES MORALES
ET DÉMOGRAPHIQUES

AVEC UNE STATISTIQUE GÉNÉRALE DE LA PROSTITUTION EN FRANCE

Par le Dr Armand DESPRÉS

CHIRURGIEN DE L'HOPITAL DE LA CHARITÉ,
PROFESSEUR AGRÉGÉ DE LA FACULTÉ DE MÉDECINE DE PARIS,
ANCIEN CHIRURGIEN DE L'HOPITAL DE LOURCINE, ETC.

AVEC 2 PLANCHES COLORIÉES

PARIS

LIBRAIRIE J.-B. BAILLIÈRE et FILS,

19, RUE HAUTEFEUILLE, PRÈS LE BOULEVARD SAINT-GERMAIN

1883

PRÉFACE

———

Il s'est fait dans notre pays, depuis six ans, un certain bruit autour de la question de la prostitution.

Les uns y ont trouvé un motif de propagande religieuse; le mouvement a commencé dans la haute société protestante de Paris, et il y continue;

Les autres en ont fait malheureusement une question politique.

Mêlé à l'un et à l'autre mouvement à cause des recherches et des travaux que j'ai publiés sur cette question, je n'ai pas tardé à être convaincu que la religion et la politique sont des passions exclusives, qu'elles voilent toujours un côté des questions qu'elles abordent, et que leur but, toujours déterminé à l'avance, les empêche de faire éclater la vérité scientifique, c'est-à-dire la vérité confirmée par l'expérience.

J'ai cherché ailleurs.

Avant de réformer les mœurs ou les lois d'un pays, la première chose à faire est de savoir quelles sont ces mœurs, et quel est le genre de vie de ceux que l'on veut rendre plus libres ou assujettir davantage. Avant de réformer les règlements et les abus de la prostitution en France, la première chose à faire est de savoir où en est la prostitution.

De là l'idée de ce travail, qui n'est autre que la statistique de la prostitution en France.

Nous avons pensé, M. le docteur Lunier et moi, qu'il était utile de recenser le personnel de la prostitution inscrite et de la prostitution libre ou clandestine. Grâce au concours du Ministère de l'Intérieur et de M. le docteur Lunier, cette tâche m'a été facile.

Les renseignements que nous avons reçus sont aussi précis que peuvent l'être les renseignements fournis par l'administration et la police française.

Nous avons alors entrepris une statistique par les procédés scientifiques, et nous en avons tiré les remarques qui suivent.

Nous avons établi, pour être joint à ce travail :

Un diagramme (pl. 1, p. 37), destiné à montrer l'état de la prostitution libre et de la prostitution inscrite par département, et nous y avons ajouté le tracé de la richesse individuelle et du coefficient de l'accroissement de la population.

Plus, une carte de la prostitution par ville (pl. ii, p. 104), montrant la *distribution géographique de la prostitution* en France.

C'est après avoir édifié ce diagramme et cette carte que nous avons peu à peu acquis cette conviction, qui sera sans doute celle du lecteur, à savoir que la prostitution est répandue en France d'une manière à peu près générale et dans une trop grande proportion par rapport à la population.

On ne sera pas moins frappé de ce fait, que la prostitution suit la richesse individuelle avec une grande régularité, et que l'accroissement de la population est en raison inverse de la prostitution et de la richesse individuelle. Il faut donc renverser cette ancienne proposition, que « *la misère engendre la prostitution* ».

Nous avons ajouté, après la statistique de la

prostitution en France, quelques remarques sur la dépopulation en France et sur ses relations avec la prostitution.

Là, ce ne sera plus seulement l'absence des mariages qui devra être incriminée, ce sera la nature des mariages et la santé des époux.

Enfin, il nous a paru utile de reproduire une ancienne proposition destinée à atténuer les effets de la prostitution sur la santé publique.

A. D.

Paris, 1er septembre 1882.

TABLE DES MATIÈRES

———

II.

PROSTITUTION ET DÉPOPULATION.

III.

PROSTITUTION ET SANTÉ PUBLIQUE.

FIN DE LA TABLE DES MATIÈRES.

I

STATISTIQUE DE LA PROSTITUTION

EN·FRANCE

DE LA PROSTITUTION

EN FRANCE

CHAPITRE PREMIER

DÉFINITION DE LA PROSTITUTION.

La prostitution, on le sait, est un fait antique.

Une femme se livre à un homme pour un salaire, et l'homme ensuite ne la connait plus ; tel est dans toute sa brutalité la prostitution.

La prostitution de ce chef n'a jamais été considérée comme un délit.

Partout, excepté dans les pays soumis à la loi politique de Mahomet qui défend la prostitution, les législations, reconnaissant sans aucun doute la fatalité de la prostitution, ont laissé passer, laissé faire. Il est vrai que, chez les peuples mahométans, la polygamie est une forme déguisée de la prostitution réglementée au seul profit de l'homme.

La prostitution, en tant que fait social à peu près

universel, peut donc entrer dans le domaine de la science et particulièrement de la statistique.

Mais une complication se présente tout d'abord : la prostitution a été l'objet de réglementations diverses. Ce qui existait comme coutume séculaire a été soumis à des règlements, dans un but utile soit, mais ces règlements ont été incomplets; il y a eu une prostitution particulière dans la prostitution générale, et c'est une difficulté pour la statistique. Un mot d'abord sur la réglementation de la prostitution et sur la prostitution libre.

CHAPITRE II

La réglementation de la prostitution n'est pas nouvelle ; la prostitution a été réglementée à Rome.

Mais l'Eglise, substituant ensuite sa loi religieuse et ses mœurs à la loi et à la morale romaine, a fait cesser la réglementation de la prostitution pendant plusieurs siècles.

Plus tard, au moyen âge et à la Renaissance, le pouvoir discrétionnaire de certains gouvernements a rétabli une sorte de réglementation bâtarde, ayant pour objet de séquestrer les syphilitiques, comme on séquestrait les lépreux, ou de faire disparaître des filles qui ruinaient de jeunes étourdis ou des vieillards corrompus.

Les arrestations de filles de joie sous Louis XIV et Louis XV, telles que celle dont l'abbé Prévost a fait un roman si français et si humain, n'étaient point une réglementation.

Mais la réglementation sérieuse de la prostitution ne remonte pas au delà du commencement de ce siècle [1].

1. Voy. Parent-Duchatelet, *De la Prostitution dans la ville de Paris*, 3ᵉ édition. Paris, 1857.— Jeannel, *De la Prostitution*, Paris.

La réglementation en France date du Consulat.

Les prostituées libres, qui existaient de tout temps dans les villes de garnison, furent alors soumises à une tutelle exercée par le préfet de police à Paris, et les maires dans les campagnes ; l'autorité militaire, même, mettait la main à la direction de cette tutelle dans les villes de garnison.

C'est en 1825 seulement, sous le ministère Decaze, que la réglementation prit un caractère général et fut instituée, telle qu'elle existe de nos jours, à l'usage de tout le monde.

Voici en deux mots en quoi consiste cette réglementation :

Les filles qui font leur état de la prostitution sont immatriculées *(inscrites)* sur un registre.

On leur remet une carte, qui les garantit contre les arrestations, et qui correspond à un passeport ou permis de circuler. Sur la carte sont inscrits les règlements auxquels elles doivent se soumettre (heures de sortie sur la voie publique, visites sanitaires obligatoires, pénalités que les filles encourent).

Les filles entrent dans la prostitution de deux manières :

Ou bien parce qu'elles le *demandent ;*

Ou bien parce qu'elles sont inscrites d'*office*, après avoir été prises en état de vagabondage, se livrant à la prostitution.

Les filles inscrites occupent deux conditions :

Les unes sont dans des maisons dites *de tolérance ;* les autres, les filles dites *en cartes,* vivent seules dans un domicile à elles et dans leurs meubles ; *la condition est obligatoire à Paris au moins.*

Les maisons de tolérance doivent être tenues par des femmes mariées.

Les filles isolées ne peuvent habiter plusieurs dans le même local.

On verra plus loin que cela constitue une différence entre l'état de la fille en maison et de la fille isolée, diversement appréciées dans les villes et les campagnes par ceux qui usent de la prostitution.

En échange des obligations qui leur sont imposées, et qu'elles remplissent, les prostituées ont droit à la protection des agents de l'autorité.

La réglementation de la prostitution ne s'applique pas seulement aux prostituées inscrites.

Elle permet au préfet de police à Paris, aux maires et commissaires de police dans les campagnes, d'arrêter les filles prostituées libres en état de vagabondage, qui ne sont pas réclamées par quelqu'un, et de les inscrire d'office sur les registres de la prostitution, en les soumettant aux règlements.

A côté donc de la prostitution réglementée, la France possède une prostitution libre, composée de filles de mauvaise vie qui se vendent au mois, à la semaine, à la journée, et perçoivent leur salaire sous forme d'argent, de nourriture ou de toilette. Ces filles reçoivent de plusieurs mains à la fois et recueillent encore un salaire de services passagers qu'elles rendent au premier venu. On appelle ces prostituées *prostituées clandestines,* et c'est ce que nous appelons la prostitution naturelle.

CHAPITRE III

Il y a en France aujourd'hui environ 36,000,000 d'habitants.

Sur ce nombre en chiffres ronds il y a :

7,000,000 célibataires hommes de 18 à 69 ans,

Et 7,000,000 d'hommes mariés ou veufs de 20 à 69 ans, sans compter les étrangers de passage.

Cela fait à peu près 14,000,000 d'hommes en France en état d'user de la prostitution [1].

Pour ce personnel demandeur, voici le personnel qui offre :

Maisons de tolérance
1,328.

Filles inscrites
15,057.

Filles libres
41,061.

Si l'on établit une proportion, on voit qu'il y a en France :

[1]. Nos chiffres ont été recueillis en 1878, et nous avons pris pour terme de comparaison les chiffres de la population d'après le *census* de 1876.

1 fille inscrite pour 900 hommes en état d'user de la prostitution;

1 fille inscrite pour 450 célibataires, y compris les soldats et les marins.

J'établis cette dernière proportion pour les principes, car les hommes mariés usent notoirement de la prostitution dans des proportions variables suivant leur âge et suivant leur pays.

A. Voici la distribution des filles en maison et en cartes.

Il y a en France :

Filles en maison.   7,859
Filles en cartes.   7,198
                    Total. 15,057

Les 7,859 filles en maison sont dans 1,328 maisons.

Voici comment sont distribuées les filles suivant l'importance des villes :

	MAISONS.	FILLES EN MAISON.	FILLES EN CARTE.
Préf. (avec Paris),	826	5,104	5,801
Paris (seul).	128	1,340	2,648
Sous-Préfect.,	414	2,313	1,228
Ch.-L. de canton,	79	396	129
Communse,	9	46	30

On voit de suite que la fille en carte isolée tend à s'accroître dans les villes aux dépens des filles en maison. C'est là une tendance remarquable. Au contraire, dans les petites localités où il y a des prostituées inscrites, les filles en maison sont en plus grande proportion; pour ce qui est de l'influence de la race, on pourra voir que le midi de la France préfère la fille en maison, la Normandie la fille en carte, et de préférence la fille libre. C'est ce qui ressortira de l'étude du tableau V et de la carte.

Les prostituées libres sont plus nombreuses, et l'on obtient la proportion :

1 fille libre pour 341 habitants en état de s'en servir;

Ou 1 pour 170 célibataires de 18 à 69 ans.

B. Voici la distribution des filles libres en France :

Préfectures (avec Paris).	35,585
Paris (seul)	23,000
Sous-préfectures.	3,096
Cantons.	1,697
Communes.	585

Si l'on compare le nombre des filles inscrites avec le nombre des filles libres, en prenant comme terme de comparaison le rapport des filles avec le chiffre de la population, on remarque :

1° Que dans les grandes villes il y a 6 fois plus de filles libres que de filles inscrites ;

2° Que dans les villes plus petites, les sous-préfectures, il y a un peu moins de filles libres que de filles inscrites ;

3° Que dans les chefs-lieux de canton il y a 3 fois plus de filles libres que de filles inscrites ;

4° Que dans les communes il y a 5 fois plus de filles libres que de filles inscrites.

L'apparente anomalie que présentent les sous-préfectures tient à ce que tous les ports de mer sont des sous-préfectures, et que dans ceux-ci la prostitution inscrite domine de beaucoup.

c. Il n'y a pas à établir de proportions à l'égard des arrestations de filles, car les arrestations se rapportent souvent plusieurs fois à la même fille, qu'elle soit fille inscrite ou fille libre, et d'un autre côté, dans les départements, on compte en bloc les arrestations pour tout le département.

La seule chose qu'il soit possible de faire, c'est de voir quels sont les départements où il y a le plus d'arrestations. Celles-ci, d'ailleurs, se font le plus souvent au chef-lieu.

De ces premiers résultats statistiques il y a une remarque à faire, la prédominance des filles libres sur les filles inscrites ; il y a plus de demandeurs pour les premières que pour les secondes.

On doit toutefois faire là part de l'erreur : on a pu compter comme filles libres dans certains départements les maîtresses des officiers et les concubines qui changeaient d'amant à chaque changement de garnison.

CHAPITRE IV

ÉTUDE DE LA PROSTITUTION PAR DÉPARTEMENT.

Il faut donc tout d'abord étudier la prostitution par département. (Voy. les tableaux II et III.)

Les départements les plus fournis en prostituées inscrites ont une prostitution libre qui varie le plus souvent en proportion de la prostitution inscrite; la prostitution libre suit la prostitution inscrite à laquelle elle fait concurrence.

La Seine, la Gironde, le Rhône, la Seine-Inférieure, qui ont le plus de prostituées inscrites, ont aussi le plus de prostitution libre, et même ces départements sont encore ceux où il y a le plus d'arrestations.

La Vendée, le Lot, le Cantal, l'Indre et la Savoie, qui ont le moins de prostitution inscrite, ont aussi moins de filles libres et moins d'arrestations.

Les départements qui occupent un rang moyen dans la prostitution inscrite, tels que la Meuse, le Morbihan, la Charente, occupent un rang moyen pour la prostitution libre et les arrestations.

Les parties des départements sillonnées par de grandes lignes de chemins de fer, celles où il y a des embranchements de canaux, sont celles où il y a le plus de prostitution.

Les départements pauvres sont ceux où il y a le moins de prostitution.

Ainsi la Creuse, le Cantal, les Hautes-Alpes.

La richesse individuelle, par département, correspond presque rigoureusement à l'abondance de la prostitution.

On verra de plus sur le diagramme correspondant au tableau p. 37, que la richesse individuelle et l'abondance de la prostitution sont en raison inverse du coefficient de l'accroissement de la population. (Voy. le diagramme en couleur fig. 1.)

Il y a un département de la France qui est exempt de toute prostitution, la Lozère. Cependant, au siècle dernier, il y avait à *Mende*, chef-lieu du département, une maison de tolérance (un papier de l'hôtel de ville de Mende en fait foi); la maison est tombée en désuétude. Lorsqu'il y aura un chemin de fer, on la rouvrira peut-être.

Les départements où il y a de grandes villes sont généralement ceux où il y a le plus de prostituées inscrites, sauf le département du Nord, où il y a relativement peu de prostituées eu égard à ses grandes villes, et le département de la Marne et des Alpes-Maritimes, où il y a beaucoup de prostitution et peu de grandes villes. Mais c'est autour de *Paris, Lyon* et *Marseille,* qu'il y a le plus de prostitution.

CHAPITRE V

ÉTUDE DE LA PROSTITUTION PAR VILLES

ARTICLE PREMIER

PROSTITUÉES INSCRITES.

Sur les 86 chefs-lieux de département, 1 n'a pas de prostitution, *Mende*. Le territoire de Belfort a une riche prostitution (sans doute le reflux des villes que la guerre de 1870 nous a enlevées).

Sur les 275 sous-préfectures de nos 86 départements, sans compter *Sceaux* et *Saint-Denis*, 127 N'ONT NI MAISONS DE TOLÉRANCE NI FILLES INSCRITES.

Sur les 2,810 chefs-lieux de canton, 2,715 sont entièrement dépourvus de prostitution réglementée, même de prostitution libre.

Sur les 36,000 communes, 18 seulement ont des prostituées, et, sur ce nombre, 10 seulement ont des prostituées inscrites; plus de 35,970 communes n'ont aucune espèce de prostitution.

Sur les 85 chefs-lieux où il y a des prostituées inscrites, deux seulement n'ont que des prostituées inscrites, *Saint-Lô, La Rochelle*.

Sur les 148 sous-préfectures pourvues de prostituées, 27 n'ont que des prostituées inscrites ; sur les 94 chefs-lieux de canton pourvues de prostituées, 22 n'ont que des prostituées inscrites ; enfin, sur les 18 communes pourvues de prostitution, 10 seulement ont des prostituées inscrites : 4 sur ce nombre ont à la fois des prostituées inscrites et des prostituées libres, 5 n'ont que des prostituées inscrites, une commune a 1 seule fille en carte et 6 filles libres.

En résumé, il y a des filles inscrites :

Dans préfectures. 85
Dans sous-préfectures. 132
Dans chefs-lieux de canton. 50
Dans communes. 10
Dans Belfort. 1

Si l'on étudie le rapport du nombre des filles inscrites avec la population, $\frac{P}{N}$; P représentant la population, N le nombre des filles inscrites, on arrive à ces résultats :

Dans le premier groupe, celui des villes qui ont le plus de prostitution, on ne trouve ni *Paris*, ni *Lyon*, ni *Marseille* indiqué. *Brest*, *Toulon* et *Rochefort* y sont.

Mais à côté de ces ports de mer où la situation pouvait être prévue, on trouve des villes telles que *Nancy*, *Saint-Quentin*, *Dijon*, *Gray* et *Meaux*.

Villeneuve-d'Agen, situé au même rang, n'est pas moins chose étonnante.

Mais ce qui a le plus lieu de surprendre, c'est que *Cauterets* et ses environs, dans les Hautes-Pyrénées, occupe le 3me rang en France et est sur le même rang que *Toulon*. Il n'y a pas de garnison importante dans le pays, mais il y a dans le voisinage beaucoup de villes d'eau, et surtout un grand mouvement de population qui fréquente les eaux et les lieux de pèlerinage.

Vichy est de même très riche en prostitution.

La *Roche-sur-Yon* est aussi dans le premier groupe, et cependant le département est peu fourni en prostituées. Cette anomalie apparente s'explique par ce fait que toute la prostitution du département est à la préfecture. C'est ce qui s'observe inversement pour *Paris*, qui est aux premiers rangs de la prostitution comme département, et au 106me rang comme ville.

A *Mourmelon-le-Grand, Farge-en-Septaine, Sathonay*, il y a beaucoup de prostituées inscrites. Dans le voisinage des camps anciens ou nouveaux, l'on devait s'y attendre.

Mais ce qui est imprévu, c'est que les grandes villes manufacturières, telles que *Aubusson*, le *Creusot*, n'ont pas de prostitution inscrite.

Une remarque encore ressort de l'étude de la carte. En dehors des 263 villes où il y a des prostituées inscrites, il y a des villes où il n'y a que des prostituées libres. Ces villes, cantons ou communes, sont au nombre de 72, sur lesquels il y a 16 sous-préfectures.

ARTICLE II

PROSTITUÉES LIBRES.

L'évaluation des prostituées libres est difficile, et il y aura toujours des incertitudes sur le nombre de ces filles, car involontairement on a dû compter des femmes qui vivent en concubinage. D'une autre part, il y a des filles qui pendant une année se prostituent, qui l'année suivante vivent en concubinage, et qui retournent à la prostitution ensuite. On a compté comme prostituées libres les filles qui n'avaient pas de domicile et étaient notoirement connues pour se livrer au premier venu. Les filles entretenues ont été négligées.

Voici ce que nous avons tiré des chiffres qui nous sont parvenus, et qui sont puisés aux sources officielles :

Les filles libres dominent dans les grandes villes.

Lyon, Paris et *Bordeaux* sont dans les premiers rangs.

Caudebec, un petit canton en Normandie, est aussi au premier rang.

Troyes et *Cauterets,* encore Cauterets ! *Salins* sont dans le premier groupe ; ce sont la des phénomènes qui ne sont pas rares dans les statistiques.

Voiron dans l'Isère, *Laigle* en Normandie, sont aussi riches en prostituées libres.

Sur les 346 villes, chefs-lieux de canton, communes

où il y a des prostituées , 55 manquent de prostituées libres.

Je ne voudrais préjuger de rien, mais je pense que ce sont là des villes où l'on a pour la première fois établi des maisons de tolérance il y a peu d'années.

Je connais une ville où l'on demande l'établissement d'une maison de tolérance, et où cependant il n'y a pas de filles libres. C'est la sous-préfecture d'*Avallon*. Dans les documents qui nous ont été transmis, il est fait mention de plusieurs autres villes où la même demande a été faite, et où il n'y a pourtant pas de filles libres.

Les ports de mer tels que *Marseille, Saint-Malo, Dun-kerque, Saint-Nazaire, le Havre, Cette, Bayonne*, ont tous moins de filles libres que de filles inscrites.

Deux ports de mer seuls font exception, *Calais* et *Bordeaux*.

Deux autres petits ports, *Saint-Valery* et *Fécamp*, font aussi exception ; mais ce sont des stations de bains de mer, comme *Biarritz* et *Saint-Jean-de-Luz*.

L'on conçoit cette absence relative des filles libres dans les grands ports. La brutalité des hommes de mer ne peut en effet être supportée que dans des maisons de tolérance.

La navigation à vapeur a certainement adouci les habitudes des matelots, et il est probable qu'avec le temps les ports de mer rentreront dans la loi commune, et que la maison de tolérance finira par être battue en brèche, comme dans les villes, par la fille libre.

Sur les 85 chefs-lieux de département qui ont une prostitution :

83 seulement ont des prostituées libres.

Sur les 148 sous-préfectures pourvues de prostituées, 27 n'ont pas de prostituées libres, 121 ont des prostituées libres, et, sur ce nombre, 16 n'ont que des prostituées libres.

Sur les 94 chefs-lieux de canton pourvus de prostituées, 72 ont des prostituées libres, et sur ce nombre 44 n'ont que des prostituées libres (dans le nombre on compte cinq villes d'eau, un lieu de pèlerinage, *Auray ;* le reste est composé de villes de fabrique). Il semble que les ouvriers des usines sont plus portés vers la prostitution libre que vers la prostitution inscrite.

Sur les 18 communes pourvues de prostituées, 8 ont des filles libres seulement ; les 10 autres ont à la fois des filles libres et des filles inscrites.

En somme, il y a en France 292 villes où il y a des filles libres, soit 17 villes de plus que les villes où il y a des prostituées inscrites.

Il y a 219 villes où il y a à la fois des prostituées inscrites et des prostituées libres.

Il est impossible de méconnaître que la prostitution libre est la compagne ou la rivale de la prostitution inscrite ; dans la plupart des villes, il y a concurrence !

On pourra voir sur la liste des villes où il y a l'une et l'autre prostitution, que, dans un bon quart des villes de France, il y a à peu près autant de prostituées libres que de prostituées inscrites ; dans beaucoup d'endroits, la prostitution libre l'emporte.

Dans plus de 117 villes, cantons et communes, il y a un peu plus de prostituées libres que de prostituées inscrites.

Dans moins de 90 villes, il y a plus de prostituées inscrites que de filles libres.

Dans 10 villes, il y a exactement le même nombre de filles inscrites et de filles libres.

Le midi de la France fait exception ; il semble que les hommes du Midi préfèrent la fille inscrite, tandis qu'en Normandie, en Picardie, dans l'Ile-de-France et dans les villes frontières, la fille libre est plus recherchée.

La concordance de la prostitution inscrite et de la prostitution libre est un peu moins apparente pour les villes que pour les départements, mais on peut remarquer, sur la carte, qu'autour des villes riches en prostitutions inscrites et pauvres en prostituées libres, il y a des villes très voisines qui ont beaucoup de prostituées libres. Ainsi *Saint-Malo* est entouré de *Dol* et *Saint-Servan*, dont la prostitution libre égale la prostitution inscrite de *Saint-Malo*.

Lorient est dans le même cas vis-à-vis de *Port-Louis*.

ARTICLE III

REMARQUE GÉNÉRALE SUR LA PROSTITUTION.

Il y a une loi presque absolue qui ressort de l'étude de notre diagramme, savoir : que la prostitution libre suit la prostitution inscrite.

On ne manquera pas d'être frappé de ce qui se passe dans le département de l'Aube. Dans ce département, qui a 4 sous-préfectures, il n'y a de prostitution inscrite qu'à *Troyes*, la préfecture, qui possède 100 filles inscrites. A l'inverse de ce qu'on eût pu supposer, il n'y a aucune fille libre dans les 4 sous-préfectures ; tout arrive à *Troyes*, où l'on compte 400 filles libres.

Il y a des courants ou tendances contraires dans notre pays, du Nord au Sud ; le Midi est porté vers la maison de tolérance ou la fille en carte ; partout ailleurs la prostitution libre l'emporte dans le goût du public.

La prostitution inscrite domine autour des ports de mer et des villes voisines des camps.

La prostitution libre domine dans les villes d'eaux et les ports de mer fréquentés pour les bains de mer ; la prostitution inscrite y est rare, et le peu qui existe est sans contredit à l'usage de la domesticité.

Enfin, il faut noter que 126 sous-préfectures sont entièrement dépourvues de toute espèce de prostitution ; sur ces 126 villes, il y a des localités importantes qui n'ont pas moins de 8,000 habitants.

LISTE DES SOUS-PRÉFECTURES

DÉPARTEMENTS	SOUS-PRÉFECTURES	HABITANTS
Ain.	Gex. Bellay. . . . . Nantua. Trévoux.	4624
Allier.	La Palisse. Gannat.	5500
Alpes (Basses-).	Sisteron. Forcalquier. Castellane. Barcelonnette.	
Alpes (Hautes-).	Embrun. Briançon.	
Ardèche.	Largentière. Puget-Théniers.	
Ardennes.	Vouziers. Rocroy.	
Ariège.	Saint-Girons.	
Aube.	Bar-sur-Seine. . . . . Bar-sur-Aube. Arcis-sur-Aube. Nogent-sur-Seine.	4850

DÉPARTEMENTS	SOUS-PRÉFECTURES	HABITANTS
Aveyron.	Saint-Affrique.	7050
	Espalion.	
Calvados.	Pont-l'Évêque.	
Cantal.	Mauriac.	
	Murat.	
	Saint-Flour.	5200
Charente.	Ruffec.	
	Confolens.	
Charente-Inférieure. . .	Marennes.	
	Jonzac.	
Cher.	Sancerre.	
Corrèze.	Ussel.	
Corse.	Calvi.	
	Corté.	6100
	Sartène.	
Côte-d'Or.	Châtillon-sur-Seine. . .	4850
	Semur.	
Côtes-du-Nord, . . .	Lannion.	6800
	Loudéac.	6100
Creuse.	Bourganeuf,	
	Boussac.	

DÉPARTEMENTS	SOUS-PRÉFECTURES	HABITANTS
Eure.	Pont-Audemer.	6100
	Les Andelys.	5100
Dordogne.	Ribérac.	
Doubs.	Baume-les-Dames.	
	Pontarlier.	4900
Drôme.	Die.	
	Nyons.	
Finistère.	Châteaulin.	
	Quimperlé.	6850
Gard.	Le Vigan.	5050
Garonne (Haute-).	Muret.	
	Villefranche.	
Gers.	Lectoure.	6080
	Lombez.	
Gironde.	Bazas.	4700
	La Réole.	
	Lesparre.	
Hérault.	Saint-Pons.	6200
Ille-et-Vilaine.	Vitré.	9000
	Redon.	6064
	Montfort.	

DÉPARTEMENTS	SOÙS-PRÉFECTURES	HABITANTS
Indre-et-Loire. . . .	Chinon.	6895
	Loches.	5184
Isère.	Saint-Marcellin.	
	La Tour-du-Pin.	
Jura.	Saint-Claude.	6820
Loire (Haute-). . . .	Saint-Sever.	4900
	Brioude.	4900
	Issengeaux.	8900
Loire-Inférieure. . .	Ancenis.	
	Paimbœuf.	
	Châteaubriand.	4840
	Savenay.	
Loiret.	Gien.	6800
Lot.	Gourdon.	5250
Lozère.	Florac.	
	Marvejols.	
Maine-et-Loire. . . .	Baugé.	
	Segré,	
Manche.	Coutances.	8200
	Valognes.	5400
	Mortain.	
Marne.	Sainte-Menehould.	

DÉPARTEMENTS	SOUS-PRÉFECTURES	HABITANTS
Meuse.	Vassy.	
Meurthe-et-Moselle.	Briey.	
Morbihan.	Ploërmel.	5690
Nièvre.	Clamecy.	5616
Nord.	Hazebrouck.	9100
Oise.	Clermont.	5700
	Senlis.	5800
Orne.	Domfront.	4800
Pas-de-Calais.	Saint-Pol.	
	Montreuil.	
Pyrénées (Basses-).	Oloron.	9100
	Orthez.	6600
	Mauléon.	
Pyrénées (Hautes-).	Argelès.	
Pyrénées-Orientales.	Prades.	
	Céret.	
Saône-et-Loire.	Charolles.	
	Louhans.	
Sarthe.	Saint-Calais.	
	La Flèche.	9300

DÉPARTEMENTS	SOUS-PRÉFECTURES	HABITANTS
Savoie.	Albertville. Saint-Jean-de-Maurienne. Moutiers.	
Savoie (Haute-).	Thônon.	
Seine.	Sceaux. Saint-Denis [1].	
Seine-Inférieure.. . . .	Yvetot. . . . . Neufchâtel.	8873
Seine-et-Oise..	Etampes. . . . . . . Corbeil. . . . . . Mantes. . . . . . Pontoise [2].	8250 5540 5400 6200
Sèvres (Deux-).	Bressuire. Melle.	
Somme..	Doullens.	4700
Var.	Brignoles.	5900
Vendée.	Sables-d'Olonne. . . .	7300
Vienne.	Montmorillon. Civray. . . . . . Loudun.	5200
Haute-Vienne..	Rochechouart.	
Yonne.	Avallon.	6100

1. Ces deux sous-préfectures ne sont citées que pour mémoire.
2. On remarquera ici que Rambouillet, qui a des prostituées, n'a que 4,000 habitants.

D'autre part, plus de 1,000 chefs-lieux de canton de plus de 3000 habitants, et 1,700 d'une population moindre, n'ont aucune espèce de prostituées.

Il en résulte au moins ce fait que ni la prostitution réglementée ni la prostitution libre ne sont fatalement nécessaires.

Si l'on se demande pourquoi il y a tant de prostitution inscrite et tant de filles libres dans des villes où il n'y a pas de garnison ni de grands mouvements de commerce, on en trouvera peut-être la raison en considérant que ces villes sont de grandes stations de chemins de fer, et qu'elles attirent les voleurs, les déclassés, les chevaliers d'industrie, et que c'est généralement pour ce genre d'individus que la prostitution semble avoir été profitable. En dehors de ce monde, les filles en maisons ne sont guère fréquentées que par les voyageurs de commerce, les écoliers au sortir de l'école, ou les soldats et les ouvriers de passage.

ARTICLE IV

RAPPORT DE LA PROSTITUTION INSCRITE AVEC LES GARNISONS MILITAIRES ET LES MATELOTS CIVILS OU MILITAIRES.

Les départements où la prostitution inscrite est le plus élevée sont, en dehors du territoire de Belfort :

Nᵒˢ D'ORDRE :   1 Seine.

2 Bouches-du-Rhône.

N^{os} D'ORDRE : 3 Var.

4 Gironde.

5 Rhône,

6 Haute-Garonne.

7 Hérault.

8 Seine-Inférieure.

9 Doubs.

10 Meurthe-et-Moselle,

11 Côte-d'Or.

12 Alpes-Maritimes.

13 Loire-Inférieure.

14 Haute-Vienne.

15 Finistère.

16 Marne.

17 Pyrénées-Orientales.

18 Aisne.

19 Maine-et-Loire.

20 Indre-et-Loire.

Voici les départements où il y a le plus de régiments :

N^{os} D'ORDRE :		
1 Seine.	. . . .	29 régiments
2 *Pas-de-Calais.*	. .	15
3 Rhône.	. . . .	15
4 *Nord.*	. . . .	14
5 *Seine-et-Oise.*	. .	13
6 Meurthe-et-Moselle.		12
7 Marne.	. . . .	10
8 *Ille-et-Vilaine.*	. .	10

Nᵒˢ D'ORDRE : 9 *Isère*.. 10

10 Haute-Vienne. . . 19

11 *Somme*. 9

12 Côtc-d'Or. . . . 9

13 Aisne. 9

14 *Meuse*. 9

15 Haute-Garonne. . 8

16 Doubs. 8

17 Indre-et-Loire.. . 8

18 *Loiret*. 8

19 Seine-Inférieure. . 8

20 Bouches-du-Rhône. 8

21 Gironde. . . . 8

22 Hérault.. 8

Les départements où il y a le plus de matelots sont :

Nᵒˢ D'ORDRE : 1 Bouchcs-du-Rhône.

2 Seine-Inférieure.

3 Gironde.

4 Finistère.

5 Var.

6 *Charente-Inférieure.*

7 Hérault.

8 Loire-Inférieure.

9 Morbihan.

10 Pyrénécs-Orientales.

11 *Manche.*

12 Basses-Pyrénées.

N^{os} D'ORDRE :   13 *Nord.*

               14 *Ille-et-Vilaine.*

Ce sont les départements où il y a de grands ports de commerce, et d'où partent et où reviennent des bâtiments qui font de longs voyages.

Ces rapports sont exposés dans le tableau suivant :

DÉPARTEMENTS	N° d'ordre pour la prostitution inscrite	N° d'ordre pour les garnisons	N° d'ordre pour le nombre approximatif des matelots
Seine.	1	1	»
Bouches-du-Rhône.	2	20	1
Var.	3	»	5
Gironde.	4	21	3
Rhône.	5	3	»
Haute-Garonne.	6	15	»
Hérault.	7	22	7
Seine-Inférieure.	8	19	2
Doubs.	9	16	»
Meurthe-et-Moselle.	10	6	»
Côte-d'Or.	11	12	»
Alpes-Maritimes.	12	»	»
Loire-Inférieure.	13	»	8
Haute-Vienne.	14	10	»
Finistère.	15	»	4
Marne.	16	7	»
Pyrénées-Orientales.	17	»	10
Aisne.	18	13	»
Maine-et-Loire.	19	»	»
Indre-et-Loire.	20	17	»
Charente-Inférieure.	21	»	»

De la comparaison précédente, qui était nécessaire, il semble résulter que les départements où il y a le plus de garnisons et où il y a le plus de ports et de matelots sont plus riches en prostitution inscrite.

Il y a d'assez grosses exceptions, il est vrai.

Les départements : Pas-de-Calais,
      Nord,
      Seine-et-Oise,
      Ille-et-Vilaine,
      Isère,

ont plus de 10 régiments et ne sont pas au nombre des départements les plus riches en prostituées inscrites.

Les départements : Nord,
      Pas-de-Calais,
      Morbihan,
      Manche,

ont beaucoup de matelots. Les deux derniers départements ont à la fois un port de guerre avec arsenal et un port marchand, et cependant ils ne sont pas dans les départements les plus garnis de prostituées inscrites.

Lorque l'on étudie les mêmes rapports en prenant les villes comme terme de comparaison, l'influence des garnisons et des ports est plus marquée; mais autour des villes de garnisons, de cavalerie surtout, les prostituées libres abondent.

RAPPORT

DE LA PROSTITUTION PAR VILLE

AVEC LES GARNISONS

Nos D'ORDRE	PROSTITUTION INSCRITE	GARNISONS	Nos D'ORDRE	PROSTITUTION LIBRE	GARNISONS
1	Belfort.	3 régts.	1	Caudebec. . . .	»
2	Toulon (port). .	1 régt.	2	Lyon.	12 régts.
3	Cauterets(ville d'eau, pèlerinage de Lourdes)	»	3	Foix.	1 dépôt.
			4	Troyes. ; . . .	1 r. 4 dép.
4	Farge-en-Septaine. .	Camp.	5	Bordeaux (port).	3 régts.
5	Verdun. . . .	1 1/2	6	Hautmont. . . .	»
6	Nancy.	3 1/2	7	Paris.	13 régts.
7	Saint-Quentin. .	1	8	Cauterets(ville d'eau, pèlerinage). . . .	»
8	Agen.	1			
9	Brest (port). . .	1	9	Dinan.	2 régts.
10	Rochefort (port).	»	10	Salins (ville d'eau). .	»
11	Dijon.	3 1/2	11	Cremieux. . . .	»
12	Mourmelon. . .	Camp.	12	Elbeuf.	»
13	La Roche-sur-Yon. .	1	13	Nimes.	3 régts.
14	Besançon. . . .	3 1/2	14	Neufchâteau. . .	1 régt.
15	Valence. . . .	2	15	Tonneins. . . .	»
16	Meaux.	1	16	Rambervilliers. .	»
17	Gray.	1	17	Farge-en-Septaine. .	Camp.
18	Clermont (Auv.).	3 1/2	18	Montbéliard. . .	1 baton.
19	Villeneuve-d'Agen. . .	»	19	Toulouse. . . .	4 1/2
20	Vichy(ville d'eau)	»	20	Vichy (ville d'eau). .	»
21	Perpignan.. . .	2 1/2	21	Rethel.	»
22	Tarbes.	3	22	Nérao.	»
23	Angoulême. . .	3	23	Brives.	1 régt.
24	St-Nazaire (port).	»	24	Mourmelon. . .	Camp.

Nos D'ORDRE	PROSTITUTION INSCRITE	GARNISONS	Nos D'ORDRE	PROSTITUTION LIBRE	GARNISONS
25	Compiègne. . .	1 régt.	25	Perpignan. . .	2 1/2
26	St-Maixent (école mil.). .	1 escadr.	26	Laigle.	»
27	Saumur (école mil.)	3 régts.	27	Voiron.	»
28	Bordeaux (port). .	4 régts 1/2.	28	S.-Paul (Pyr.-Orient.).	»
29	Limoges. . . .	2 régts.	29	Lunéville. . . .	4 régts.
30	Auxonne. . . .	1 baton.	30	Maubeuge. . .	1 régt.
31	Saint-Dié. . . .	3 régts.	31	Longuyon. . . .	1 baton.
32	Le Mans. . . .	5 régts.	32	Louviers. . . .	»
33	Salins (ville d'eau). .	»	33	Bourges. . . .	1 dép. 4 r.
34	Le Havre (port). .	1 régt.	34	Beziers.	2 rég.
35	Grenoble. . . .	3 régts.	35	Fécamp (ville d'eau, port).	»
36	Villefranche (Rhône). .	»	36	Saint-Jean-de-Luz (port).	»
37	Decize.	»	37	Mirande. . . .	1 comp.
38	Rambervilliers. .	»	38	Auray (pèlerinage). .	»
39	Vannes (port). .	3 régts.	39	Auxonne. . . .	2 régts.
40	Tours. . . .	4 régts 1/2.	40	Grenoble. . . .	3 régts.
41	Lizieux. . . .	1 dépôt.	41	Trouville (ville d'eau). .	»
42	Lorient (port). .	1 régt.	42	Port-Louis (port). .	»
43	Calais (port). .	»	43	Lavaur.	»
44	Troyes.	1 r. 4 dép.	44	Bagnères-de-Luchon (ville d'eau).	»
45	Valenciennes. .	2 régts.	45	Graulhet. . . .	»
46	Romans. . . .	1 dépôt.	46	Sathonay (voisinage de Lyon, camp). . .	»
47	Nevers. . . .	1 régt.	47	Toul.	»
48	Angers.	3 régts.	48	Bellême. . . .	»
49	Toulouse. . .	4 1/2	49	Ham.	»
50	Versailles. . .	12 régts.	50	Limoges. . . .	4 régts.

On voit par cette comparaison :

1° Que *Lorient*, et surtout *Toulon, Brest* et *Rochefort*, ports de guerre, sont dans les premiers rangs pour leur prostitution inscrite. *Saint-Nazaire, Bordeaux, le Havre* et *Calais*, ports marchands, sont dans les 50 premiers rangs pour la prostitution inscrite ; la présence de matelots est donc un facteur de l'abondance de la prostitution inscrite (on constate que les proportions sont à peu près les mêmes que dans la comparaison entre les départements maritimes et les départements riches en prostitution ; même il se trouve que le Morbihan est dans un rang relativement bas pour sa prostitution, comme Lorient est dans un rang relativement bas par rapport aux autres villes maritimes).

2° Il y a parmi les 50 villes les plus riches en prostituées inscrites 3 villes d'eaux minérales, dont une, *Cauterets*, voisine d'un lieu de pèlerinage aujourd'hui très fréquenté, *Lourdes ;* dans ces trois villes, il n'y a ni ports ni garnison.

3° Les garnisons militaires ne semblent pas en rapport très constant avec la richesse de la prostitution inscrite. Sur les 50 premières villes pour leur prostitution inscrite, *Saint-Quentin, Agen, la Roche-sur-Yon, Meaux, Gray, Villeneuve-d'Agen,* n'ont qu'un régiment. *Toulouse,* qui est au 49° rang, a au contraire 4 régiments et plus ; *Versailles,* qui est au 50° rang, a 12 régiments passés.

Pour ce qui est de la prostitution libre :

1° Sur les 50 villes qui occupent le premier rang pour leur prostitution libre, 18 ont des garnisons,

4 sont des villes maritimes (il y a une différence sur ce point avec les 50 villes où domine la prostitution inscrite).

2° Il y a 6 villes d'eau, dont une est voisine d'un lieu de pèlerinage, *Cauterets*, et un lieu de pèlerinage breton, la petite ville d'*Auray*, et où il n'y a pas de troupes.

3° On trouve dans les premiers rangs pour la prostitution libre des cantons comme *Voiron, Laigle, Bellême, Salins, Elbeuf, Caudebec, Hautmont* près Maubeuge; des communes, comme *Farge-en-Septaine* près Bourges, semblent être des lieux de villégiature pour les villes voisines, où il y a des prostituées inscrites et des garnisons.

On peut donc constater que la prostitution libre, moins que la prostitution inscrite, est liée à la présence de garnisons militaires et de matelots; la prostitution libre se tient à quelque distance.

———

ARTICLE V.

COMPARAISON DE LA PROSTITUTION INSCRITE ET LIBRE AVEC L'ACCROISSEMENT DE LA POPULATION ET DE LA RICHESSE INDIVIDUELLE.

En dépit d'exceptions isolées, on voit dans le tableau qui est représenté graphiquement dans le diagramme fig. 1, et qui est la reproduction du tableau suivant :

1° Que la prostitution inscrite et libre ne suivent

pas la progression de la population indiquée par la ligne violette sur le diagramme;

2° Que la prostitution libre suit la variation de la prostitution inscrite. Le tracé rouge suit plusieurs fois parallèlement le tracé bleu;

3° Que la prostitution libre et inscrite suit les variations de la richesse individuelle par département; c'est la richesse qui appelle la prostitution;

4° Que l'accroissement de la population est en raison inverse de la richesse individuelle du département et de sa prostitution libre et inscrite.

STATISTIQUE DE LA PROSTITUTIO

LÉGENDE

_____ Tracé de la Population par Département.................................... | _____ Tracé de

_____ Tracé de la Prostitution inscrite ou réglementée par Département | _____ Tracé de

_____ Tracé de la richesse individuelle par Dépa

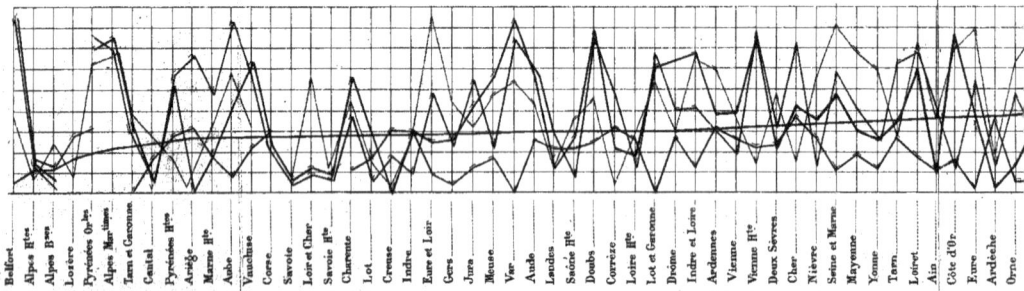

Belfort | Alpes H^tes | Alpes B^ses | Lozère | Pyrénées Or^les | Alpes Maritimes | Tarn et Garonne | Cantal | Pyrénées H^tes | Ariège | Marne H^te | Aube | Vaucluse | Corse | Savoie | Loir et Cher | Savoie H^te | Charente | Lot | Creuse | Indre | Eure et Loir | Gers | Jura | Meuse | Var | Aude | Landes | Saône H^te | Doubs | Corrèze | Loire H^te | Lot et Garonne | Drôme | Indre et Loire | Ardennes | Vienne | Vienne H^te | Deux Sevres | Cher | Nièvre | Seine et Marne | Mayenne | Yonne | Tarn | Loiret | Ain | Côte d'Or | Eure | Ardèche | Orne

DE

———— Tracé de la Prostitution libre par Département ....
———— Tracé de l'accroissement de la Population par Département
dividuelle par Département

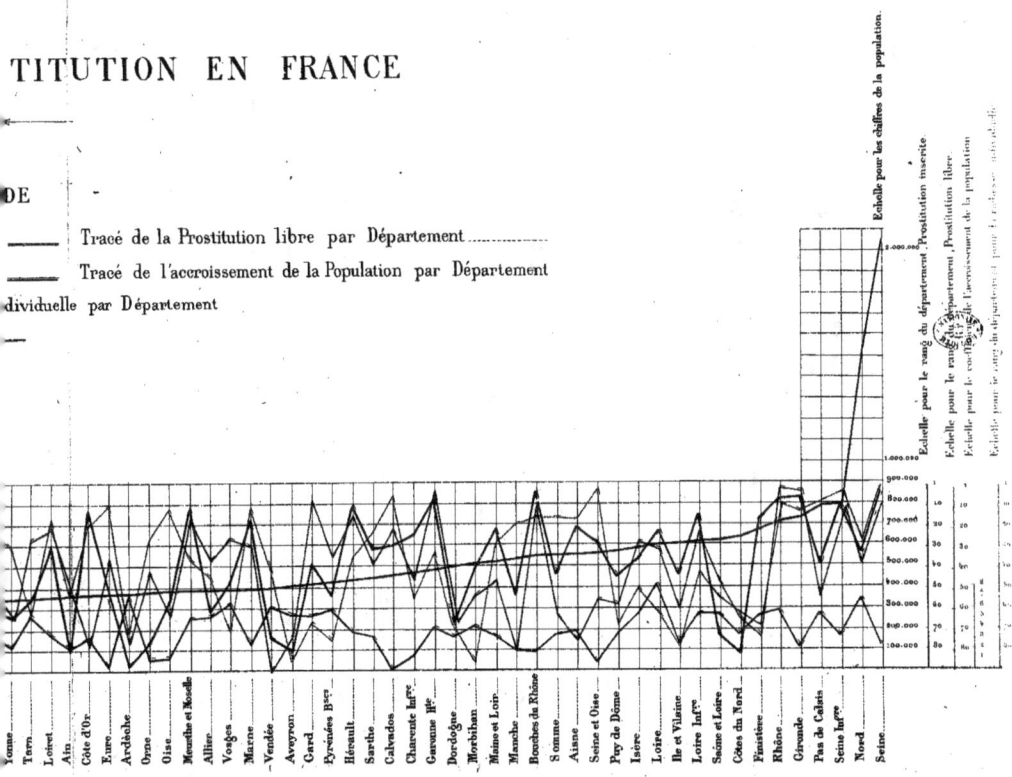

Echelle pour les chiffres de la population.

Echelle pour le rang du département. Prostitution inscrite.
Echelle pour le département. Prostitution libre.
Echelle pour le coefficient l'accroissement de la population.
Echelle pour le rang du département pour la classe individuelle.

1.000.000
900.000
800.000
700.000
600.000
500.000
400.000
300.000
240.000
100.000

Yonne.
Tarn.
Loiret.
Ain.
Côte d'Or.
Eure.
Ardèche.
Orne.
Oise.
Meurthe et Moselle.
Allier.
Vosges.
Marne.
Vendée.
Aveyron.
Gard.
Pyrénées Bies.
Hérault.
Sarthe.
Calvados.
Charente Infre.
Garonne Hte.
Dordogne.
Morbihan.
Maine et Loire.
Manche.
Bouches du Rhône.
Somme.
Aisne.
Seine et Oise.
Puy de Dôme.
Isère.
Loire.
Ile et Vilaine.
Loire Infre.
Saône et Loire.
Côtes du Nord.
Finistère.
Rhône.
Gironde.
Pas de Calais.
Seine Infre.
Nord.
Seine.

. Editeurs.

Imp. Braillery - Paris.

DÉPARTEMENTS	N° D'ORDRE	POPULATION	N° D'ORDRE	PROSTITUTION INSCRITE	N° D'ORDRE	PROSTITUTION LIBRE	N° D'ORDRE	RICHESSE INDIVIDUELLE	N° D'ORDRE COEFFICIENT de l'accroissement de la population
Seine.	1	2		7		1		2,4	
Nord.	2	33		35		24		7,0	
Seine-Inférieure. . . .	3	9		9		3		3,6	
Pas-de-Calais. . . .	4	38		51		7		5,6	
Gironde.	5	5		2		11		2,1	
Rhône.	6	6		1		6		5,8	
Finistère.	7	16		68		68		5,0	
Côtes-du-Nord.	8	79		62		64		3,7	
Saône-et-Loire. . . .	9	71		44		51		5,5	
Loire-Inférieure. . . .	10	44		21		39		5,7	
Ille-et-Vilaine.	11	42		56		74		2,8	
Loire.	12	22		28		58		8,4	
Isère.	13	35		26		47		5,5	
Puy-de-Dôme.	14	43		53		65		3,6	
Seine-et-Oise.	15	26		52		2		0,7	
Aisne.	16	19		71		14		4,3	
Somme.	17	41		59		13		3,5	
Bouches-du-Rhône. . .	18	3		8		12		2,0	
Manche.	19	51		77		17		2,1	
Maine-et-Loire.	20	20		43		26		3,6	
Morbihan.	21	39		50		82		4,4	
Dordogne.	22	64		63		62		3,4	
Haute-Garonne.	23	7		4		30		4,0	
Charente-Inférieure. . .	24	23		42		53		1,7	
Calvados.	25	28		19		4		0,1	
Sarthe.	26	30		37		21		3,4	
Hérault.	27	8		13		31		4,0	
Basses-Pyrénées. . . .	28	50		32		71		4,9	
Gard.	29	37		6		66		5,5	
Aveyron.	30	78		70		81		5,6	
Vendée.	31	72		86		36		6,2	
Marne.	32	17		27		9		2,6	

DÉPARTEMENTS	N° D'ORDRE POPULATION	N° D'ORDRE PROSTITUTION INSCRITE	N° D'ORDRE PROSTITUTION LIBRE	N° D'ORDRE RICHESSE INDIVIDUELLE	N° D'ORDRE COEFFICIENT de l'accroissement de la population
Vosges.	33	44	23	67	6,4
Allier.	34	59	36	37	5,7
Meurthe-et-Moselle. . .	35	11	15	28	5,0
Oise.	36	54	60	10	1,5
Orne.	37	74	41	25	1,4
Ardèche.	38	84	72	68	7,2
Eure.	39	55	34	7	0,6
Côte-d'Or.	40	12	75	18	2,8
Ain.	41	77	48	50	2,3
Loiret.	42	29	18	15	3,4
Tarn.	43	53	25	61	5,4
Yonne.	44	61	61	27	2,2
Mayenne.	45	57	45	19	3,9
Seine-et-Marne. . .	46	40	31	5	2,6
Nièvre.	47	52	73	34	5,9
Cher.	48	47	16	71	7,8
Deux-Sèvres. . . .	49	66	54	41	4,8
Haute-Vienne. - . . .	50	15	10	72	4,7
Vienne.	51	48	67	46	5,6
Ardennes.	52	49	57	27	6,1
Indre-et-Loire. . . .	53	21	46	22	2,5
Drôme.	54	24	47	57	5,6
Lot-et-Garonne. . . .	55	27	22	33	0,3
Haute-Loire. . . .	56	69	74	59	5,5
Corrèze.	57	67	39	84	6,1
Doubs.	58	10	11	42	5,1
Haute-Saône.	59	60	79	52	4,7
Landes.	60	75	58	70	4,6
Aude.	61	32	30	43	5,1
Var.	62	4	12	34	0,3
Meuse.	63	31	66	40	3,7
Jura.	64	46	33	56	2,7

DÉPARTEMENTS	N° D'ORDRE	POPULATION	N° D'ORDRE	PROSTITUTION INSCRITE	N° D'ORDRE	PROSTITUTION LIBRE	N° D'ORDRE	RICHESSE INDIVIDUELLE	N° D'ORDRE COEFFICIENT de l'accroissement de la population
Gers.	65		62		64		44		1,0
Eure-et-Loir.	66		63		40		8		2,1
Indre.	67		58		77		60		6,2
Creuse.	68		86		69		85		6,3
Lot.	69		70		80		73		3,1
Charente.	70		34		49		45		2,3
Haute-Savoie. . . .	71		83		83		77		»
Loir-et-Cher. . . .	72		76		78		32		3,7
Savoie.	73		81		82		78		»
Corse.	74		65		65		»		6,2
Vaucluse.	75		25		24		54		4,5
Aube.	76		45		4		29		2,0
Haute-Marne. . . .	77		68		38		55		3,4
Ariège.	78		85		20		83		6,3
Hautes-Pyrénées. . .	79		36		29		69		5,9
Cantal.	80		82		84		59		3,8
Tarn-et-Garonne. . .	81		56		55		48		0,6
Alpes-Maritimes. . .	82		43		47		20		»
Pyrénées-Orientales. .	83		48		41		23		6,6
Lozère.	84		0		0		79		5,9
Basses-Alpes. . . .	85		80		85		63		2,9
Hautes-Alpes. . . .	86		73		81		80		3,5
Belfort.	87		1		3		52		?

On lira le diagramme, d'après les indications suivantes, en se rapportant à ce tableau.

Les départements sont placés dans l'ordre de leur chiffre de population.

Ainsi le département du Morbihan, qui est le 21ᵉ

pour sa population, le 39ᵉ pour sa prostitution inscrite, le 77ᵉ pour sa prostitution libre, le 82ᵉ pour sa
richesse individuelle, a un excédent de naissances sur
ses décès, c'est-à-dire un coefficient d'accroissement
de population de 4,4.

La Loire est le 12ᵉ département pour sa population, le 22ᵉ pour sa prostitution inscrite, le 28ᵉ pour
sa prostitution libre, le 58ᵉ pour sa richesse individuelle, et le coefficient de l'accroissement de la population est de 8,4.

ARTICLE VI

COMPARAISON ENTRE LA PROSTITUTION ET LES MARIAGES.

La statistique de la prostitution doit être comparée
avec la statistique démographique générale.

Pour arriver à des résultats un peu précis, nous
nous sommes servi des statistiques de M. Bertillon ;
mais celles-ci sont établies par département, et nous
n'avons pu comparer la statistique des villes et villages
où il y a des prostituées. Les conclusions que nous
pourrions produire ne sont donc pas absolument
positives. Cependant, voici ce que nous avons pu
tirer de la comparaison pour les mariages :

Les pays où l'on se marie le plus de 20 à 30 ans
sont ceux où il y a le moins de prostitution réglementée. On verra dans les tableaux VI et VII que les dépar-

tements où l'on se marie le plus sont dans ún rang très bas pour leur prostitution inscrite. Ainsi l'Oise, qui est le 4ᵉ département pour les mariages, n'est que le 54ᵉ pour sa prostitution.

Le Loir-et-Cher, qui est le 5ᵉ pour ses mariages, est le 76ᵉ pour sa prostitution.

La Creuse, qui est le 15ᵉ pour ses mariages, est le 85ᵉ ou dernier pour sa prostitution. Si ce département n'est que le 15ᵉ, cela tient à ce que ses habitants émigrent beaucoup à l'âge du mariage, et se marient souvent à Paris, pour retourner plus tard dans leur pays. Si la Creuse, dans de telles conditions, occupe encore le 15ᵉ rang pour ses mariages, il faut que ce département soit un des plus portés au mariage dans la jeunesse, et qu'il néglige la prostitution.

La Lozère, qui n'a pas du tout de prostitution, occupe un rang moyen pour ses mariages. Mais il en est de ce département comme de la Creuse. Malgré ses mariages et ses naissances abondants, il se dépeuple par l'émigration ; tous les cinq ans, il y a une diminution de 2,000 habitants que l'émigration lui enlève.

Un département fait exception : l'Aisne, qui est riche en prostituées libres et en prostituées inscrites, occupe le 9ᵉ rang pour ses mariages ; il est le 19ᵉ pour sa prostitution inscrite.

Le département de la Seine est un département exceptionnel pour ses mariages, et il y aurait une contradiction apparente, si l'on ne considérait qu'il y a une grande quantité de mariages qui sont accomplis entre deux époux d'un même village, et qui devraient être comptés pour un autre département. Mais, en somme, Paris et le département de la Seine ne sont pas plus riches pour cela en mariages jeunes.

Il ressort nettement de cette comparaison que la prostitution inscrite et les mariages tardifs sont en corrélation. La prostitution inscrite, commode et offrant une apparente sécurité, encourage et facilite le célibat.

Comme la prostitution libre et les arrestations sont à peu près partout dans des proportions analogues à celles de la prostitution inscrite, il n'y a pas de rapprochements spéciaux à faire.

Les tableaux annexés à ce travail feront saisir plus nettement les résultats dont nous venons de parler.

ARTICLE VII

COMPARAISON ENTRE LA PROSTITUTION ET QUELQUES CRIMES.

En étudiant certains crimes et leur fréquence dans les divers départements de la France, on arrive à établir des différences. Guerry a fait à cet égard une statistique [1] que nous avons consultée. La comparaison

---

1. Guerry, *Statistique morale de la France*. La statistique criminelle, étudiée par M. Yvernes, qui a été exposée à la séance de juin 1882 devant la Société de statistique, confirme les résultats signalés par Guerry.

avec la prostitution a été facile, et voici ce que nous avons trouvé.

§ 1er. — *Comparaison du viol et de la prostitution.*

Le viol est encore assez répandu en France.

L'on disait autrefois que ce crime était dû à l'absence de femmes, que l'excitation génésique, n'ayant pas sa satisfaction naturelle, le viol était fatal.

Les médecins sont d'un avis opposé, ils pensent que le viol est une aberration du sens génésique, et que ce crime est le plus souvent la suite de la satiété que de la privation de l'exercice naturel des fonctions génétiques.

La statistique comparée du viol et de la prostitution montre que ce ne sont pas les départements où il y a le moins de prostituées où l'on surprend le plus de viol. La Creuse, le Cantal, la Corrèze, le Cher, la Nièvre, la Somme et l'Ain sont dans les derniers rangs pour le viol et sont des moins riches en prostituées.

Les départements tels que la Seine, le Var, la Meuse, la Marne, qui ont une riche prostitution inscrite, sont au contraire dans les premiers rangs pour le viol.

Le département de Vaucluse, qui est le premier pour le viol, est pourtant celui où la prostitution inscrite domine : dans toutes les sous-préfectures il y a des filles inscrites, et le département est un des plus petits.

On voit, sur deux diagrammes, la prostitution élevée dans les départements où il y a le plus de viols.

La prostitution baisse dans les départements où il y a peu de prostitution. Il y a deux exceptions, mais, en général, le rapport entre le viol et la prostitution est évident. (*Voir le diagramme page suivante.*)

§ 2. — *Comparaison du vol domestique et de la prostitution.*

Le rapport entre le vol domestique et la prostitution est encore plus évident que le rapport entre le viol et la prostitution.

La paresse et le vice mènent à la prostitution, ils mènent aussi au vol.

Nous avons pris les départements où il y avait le moins de vols domestiques, et nous avons comparé. Là nous trouvons encore que la Creuse, l'Aveyron, la Haute-Loire, l'Ain et le Cantal sont les départements où il y avait à la fois le moins de vols et le moins de prostitution.

Il y a une contradiction apparente ; la Drôme a peu de vols domestiques, et est cependant au 24ᵉ rang pour la prostitution inscrite.

Mais il faut considérer que toute la prostitution du département est confinée en un point, *Valence* et *Romans. Montélimar* n'a que 12 prostituées. Toutes ces villes sont d'ailleurs des lieux de passage.

COMPARAISON DE LA PROSTITUTION AVEC LE VIOL

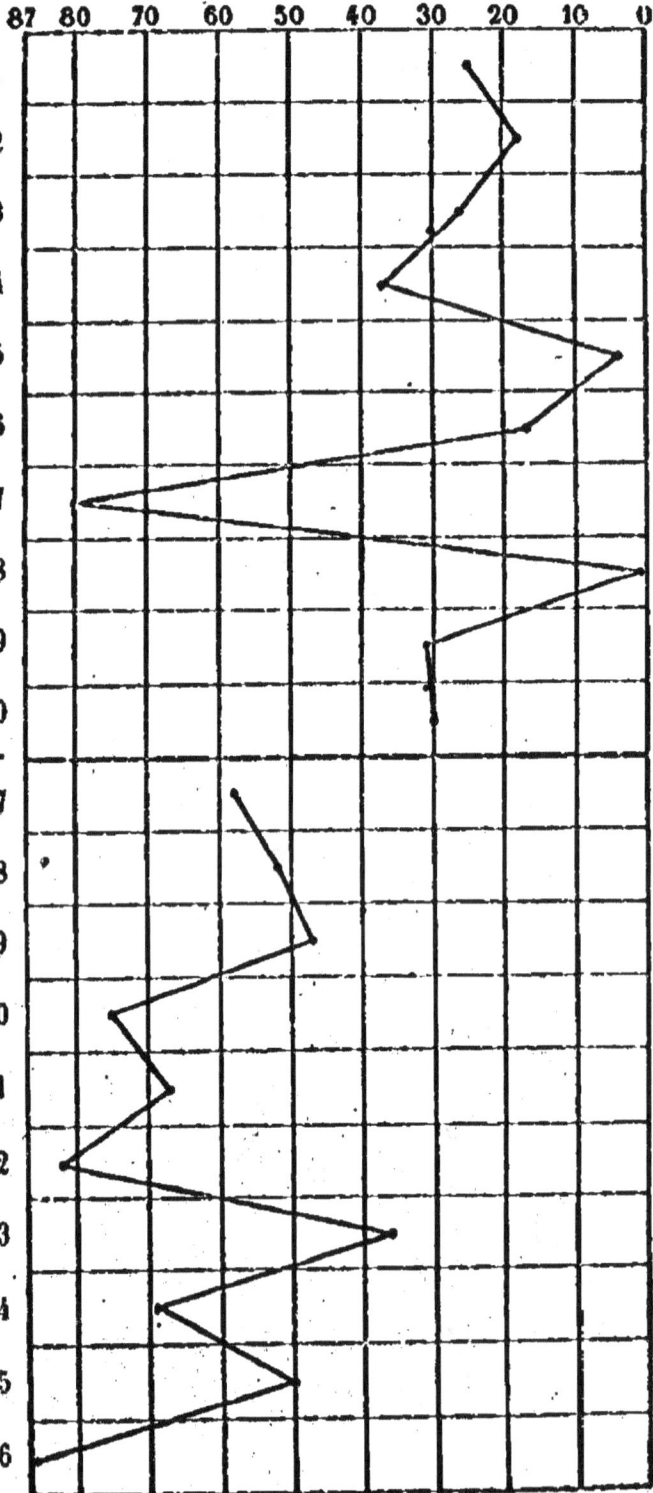

RANG DES DÉPARTEMENTS POUR LEUR PROSTITUTION

| 87 | 80 | 70 | 60 | 50 | 40 | 30 | 20 | 10 | 0 |

Départements où il y a le plus de viols.

Vaucluse.	1
Pyrénées-Orientales.	2
Seine-et-Oise.	3
Gard.	4
Var.	5
Marne.	6
Basses-Alpes.	7
Seine.	8
Meuse.	9
Sarthe.	10

Départements où il y a le moins de viols.

Indre.	77
Nièvre.	78
Cher.	79
Landes.	80
Corrèze.	81
Cantal.	82
Hautes-Pyrénées.	83
Haute-Loire.	84
Basses-Pyrénées.	85
Creuse.	86

ARTICLE VIII.

COMPARAISON ENTRE LA RELIGION DOMINANTE OU TRÈS RÉPANDUE ET LA PROSTITUTION.

La religion la plus commune en France est le catholicisme, mais il y a des départements où il y a plus d'Israélites et de protestants que dans d'autres.

Bien que nous n'ayons tiré rien de positif de la comparaison entre certains départements et d'autres, nous avons voulu néanmoins montrer ce qui pouvait être considéré comme un simple indice. On ne pourra pas, je pense, faire intervenir davantage les religions dans la question.

Les départements où il y a le plus d'Israélites en France sont : le territoire de Belfort, les départements de Meurthe-et-Moselle, Seine, Bouches-du-Rhône, Vosges.

Le territoire de Belfort, la Seine et les Bouches-du-Rhône tiennent les trois premiers rangs pour la prostitution inscrite.

Les départements où il y a le plus de protestants ont un rang inégal dans l'ordre de la prostitution inscrite.

Si le département de l'Ardèche est le 84e pour sa prostitution inscrite, le Doubs est le 10e.

Mais le département de la Lozère est un des départements où il y a le plus de protestants, et ce département n'a pas de prostitution.

En revanche, le Calvados et le Gard ont une prostitution libre très riche, ce qui suppose abondance de demandeurs parmi ceux qui usent de la prostitution.

Il n'y a, on le voit, pas de différence notable avec les départements où les catholiques dominent.

CHAPITRE VI

STATISTIQUES.

TABLEAU I.

TABLEAÙ GÉNÉRAL DE LA PROSTITUTION EN FRANCE

MAISONS DE PROSTITUTION DITES DE TOLÉRANCE
FILLES EN MAISONS — FILLES EN CARTES — FILLES LIBRES

ARRESTATIONS ANNUELLES

		MAISONS	FILLES EN MAISONS	FILLES EN CARTES	FILLES LIBRES
Ain : 385,462 h.					
Préfecture.	Bourg..	1	12	»	50
Commune.	Sathonay..	2	12	»	25
	(Arrestations : 0.)				
Aisne : 560,427 h.					
Préfecture.	Laon.	1	10	11	20
Sous-Préfect.	Saint-Quentin.. . . .	13	55	98	10
	Vervins.	1	5	1	»
	Soissons..	1	6	2	»
	Château-Thierry.. . .	»	»	4	10
Cantons. . .	Chauny.	1	5	12	25
	La Fère.	1	7	»	6
	Guise..	1	5	»	1
	(Arrestations : 125.)				
Allier : 405,783 h.					
Préfecture.	Moulins	6	25	7	50
Sous-Préfect.	Montluçon	2	8	1	15
Communes. .	Vichy	2	9	12	15à50
	Ainay	»	»	»	1
	(Arrestations : 116.)				

		MAISONS	FILLES EN MAISONS	FILLES EN CARTES	FILLES LIBRES
Basses-Alpes : 136,166 h					
Préfecture.	Digne.	1	5	2	3
	(Arrestations : 7.)				
Hautes-Alpes : 119,094 h.					
Préfecture.	Gap.	1	5	5	7
	(Arrestations : 0.)				
Alpes-Maritimes : 205,604 h.					
Préfecture.	Nice.	7	52	30	50
Sous-Préfect	Grasse.	1	8	1	22
Cantons. . .	Antibes.	»	»	»	2
	Cannes.	1	7	7	30
	(Arrestations : 30.)				
Ardèche : 384,378 h.					
Préfecture.	Privas.	1	4	»	10
Sous-Préfect	Tournon.	»	»	»	4
Canton. . .	Annonay.	1	5	9	30
	(Arrestations : 35)				
Ardennes : 326,782 h.					
Préfecture.	Mézières.	2	18	1	5
Sous-Préfect.	Rethel.	»	»	11	50
	Sedan.	3	15	14	»
Canton. . .	Givet.	2	7	»	»
Commune. .	*Charleville.*	»	»	2	5
	(Arrestations : 56.)				
Ariège : 244,795 h.					
Préfecture.	Foix.	1	2	»	105
Sous-Préfect.	Pamiers.	1	6	»	»
	(Les arrestations sont comptées avec les filles libres.)				

		MAISONS	FILLES EN MAISONS	FILLES EN CARTES	FILLES LIBRES
Aube : 255,217 h.					
Préfecture.	Troyes.	6	48	52	400
	(Arrestations : 15.)				
Aude : 300,065 h.					
Préfecture.	Carcassonne. . . .	4	24	18	50
Sous-Préfect.	Castelnaudary. . . .	2	10	»	»
	Limoux.	2	9	»	»
	Narbonne.	6	26	8	40
Canton. . .	Chalabre.	»	»	46	5
	(Arrestations : 59.)				
Aveyron : 413,826 h.					
Préfecture.	Rhodez.	4	6	»	40
Sous-Préfect.	Milhau.	4	4	10	»
	Villefranche. . . .	»	»	4	15
Commune. .	Decazeville. . . .	4	3	»	»
	(Arrestations : 35.)				
Bouches-du-Rhône : 556,379 h.					
Préfecture.	Marseille.	80	448	246	420
Sous-Préfect.	Aix.	7	36	5	45
	Arles.	8	26	7	50
Cantons . .	Ciottat.	2	9	»	40
	Salon.	4	4	»	»
	Tarascon.	2	9	»	5
	(Arrestations : 1,788.)				
Calvados : 450,220 h.					
Préfecture.	Caen.	6	19	65	32
Sous-Préfect.	Bayeux.	4	4	»	28
	Lisieux.	2	12	23	40
	Falaise.	4	6	8	25
	Pont-l'Évêque. . .	»	»	»	40
	Vire.	»	»	44	25

		MAISONS	FILLES EN MAISONS	FILLES EN CARTES	FILLES LIBRES
Cantons. . .	Honfleur.	»	»	»	15
	Trouville.	»	»	»	10
	Condé-sur-Noireau. . .	»	»	»	20
	(Arrestations : 143.)				

Cantal : 231,086 h.

Préfecture.	Aurillac.	2	8	2	10
	(Arrestations : 4.)				

Charente : 375,950 h.

Préfecture.	Angoulême.	13	41	45	51
Sous-Préfect.	Barbezieux.	1	3	2	12
	Cognac.	2	12	8	7
Cantons. . .	Châteauneuf.	1	3	»	»
	Jarnac.	1	4	»	5
	(Arrestations : 153.)				

Charente-Inférieure : 465,628 h

Préfecture.	La Rochelle.	7	40	8	»
Sous-Préfect.	Rochefort.	10	72	32	90
	Saintes.	2	40	3	5
	St-Jean-d'Angély. . .	1	6	»	12
Cantons. . .	Royan.	1	5	»	»
	St-Martin-de-Ré. . .	1	3	»	»
	(Arrestations : 151.)				

Cher : 345,613 h.

Préfecture.	Bourges.	7	43	11	150
Sous-Préfect.	St-Amand.	1	4	6	18
Commune.	*Farge-en-Septaine.* . .	3	14	»	20
	(Arrestations : 41.)				

		MAISONS	FILLES EN MAISONS	FILLES EN CARTES	FILLES LIBRES
Corrèze : 311,525 h.					
Préfecture.	Tulle.	3	13	1	15
Sous-Préfect.	Brives.	3	15	6	60
(Arrestations : 33.)					
Corse : 262,701 h.					
Préfecture.	Ajaccio.	2	10	1	30
Sous-Préfect.	Bastia.	2	11	12	12
(Arrestations : 44.)					
Côte-d'Or : 377,663 h.					
Préfecture.	Dijon.	13	74	95	100
Sous-Préfect.	Beaune.	1	6	7	3
Canton.	Auxonne.	2	16	2	25
(Arrestations : 113.)					
Côtes-du-Nord : 639,957 h.					
Préfecture.	St-Brieuc.	3	11	8	16
Sous-Préfect.	Dinan.	2	13	»	80
	Guingamp.	1	5	»	3
	Lannion.	»	»	»	3
Canton.	Tréguier.	»	»	»	6
(Arrestations comptées avec les filles libres.)					
Creuse : 278,425 h.					
Préfecture.	Guéret.	1	3	»	12
Sous-Préfect.	Aubusson.	»	»	»	18
Canton.	Felletin.	»	»	»	7
(Arrestations : 0.)					
Dordogne : 489,848 h.					
Préfecture.	Périgueux.	8	32	17	75
Sous-Préfect.	Bergerac.	1	6	1	»
	Sarlat.	1	4	1	3
	Nontron.	»	»	»	2
(Arrestations : 15.)					

		MAISONS	FILLES EN MAISONS	FILLES EN CARTES	FILLES LIBRES
Doubs : 306,094 h.					
Préfecture. .	Besançon.	11	92	82	150
Sous-Préfect.	Montbéliard.	1	9	»	45
	(Arrestations : 60.)				
Drôme : 324,756 h.					
Préfecture. .	Valence.	14	65	5	30
Sous-Préfect.	Montélimart.	2	8	4	20
Canton. . .	Romans.	4	25	9	46
	(Arrestations : 44.)				
Eure : 373,629 h.					
Préfecture. .	Évreux.	2	15	3	20
Sous-Préfect.	Bernay.	1	5	13	13
	Louviers.	1	5	»	45
Cantons. . .	Brionne.	»	»	8	8
	Vernon.	2	18	»	»
	(Arrestations : 32.)				
Eure-et-Loir : 283,075 h.					
Préfecture. .	Chartres.	3	17	8	40
Sous-Préfect.	Châteaudun.	1	6	»	40
	Dreux.	1	6	»	12
	Nogent-le-Rotrou. .	1	2	»	5
	(Arrestations : 3.)				
Finistère : 666,406 h.					
Préfecture. .	Quimper.	2	10	3	6
Sous-Préfect.	Brest.	25	152	112	60
	Morlaix.	1	6	12	28
	(Arrestations : 79.)				
Gard : 423,804 h.					
Préfecture. .	Nîmes.	13	59	20	185
Sous-Préfect.	Alais.	4	26	6	46

		MAISONS	FILLES EN MAISONS	FILLES EN CARTES	FILLES LIBRES
Sous-Préfect.	Uzez.	1	5	»	»
Cantons. . .	Pont-St-Esprit. . . .	1	7	»	»
.	Saint-Hyppolyte. . .	1	5	»	»
	(Arrestations : 52.)				

Haute-Garonne : 477,730 h.

Préfecture.	Toulouse.	26	156	160	850
Sous-Préfect.	Saint-Gaudens. . . .	2	10	»	»
Canton. . .	Bagnères-de-Luchon. .	»	»	»	15
	(Arrestations : 90.)				

Gers : 283,546 h.

Préfecture.	Auch.	5	20	8	20
Sous-Préfect.	Condom.	1	3	1	5
	Mirande.	1	2	3	20
Canton. . .	Massoube.	»	»	1	»
	(Arrestations : 25.)				

Gironde : 735,242 h.

Préfecture.	Bordeaux.	70	310	295	2000
Sous-Préfect.	Libourne.	3	15	»	»
	Blaye.	»	»	»	5
	(Arrestations : 2,100.)				

Hérault : 445,053 h.

Préfecture.	Montpellier. . . .	21	75	»	200
Sous-Préfect.	Beziers.	17	95	8	150
	Lodève.	2	11	6	»
Cantons. . .	Agde.	1	1	»	»
	Cette.	9	37	»	»
	Lunel.	1	8	»	»
	Pezenas.	1	4	»	8
	(Arrestations : 243.)				

		MAISONS	FILLES EN MAISONS	FILLES EN CARTES	FILLES LIBRES
Ille-et-Vilaine : 602,712 h.					
Préfecture. .	Rennes.	11	52	65	50
Sous-Préfect.	Saint-Malo.	3	18	»	12
	Fougères.	2	10	6	20
Cantons. . .	Dol.	»	»	»	10
	Saint-Servan.	»	»	»	20
	(Arrestations : 362.)				
Indre : 281,248 h.					
Préfecture. .	Châteauroux.	2	7	10	8
Sous-Préfect.	Issoudun.	2	11	9	10
	La Châtre.	1	3	»	»
	Le Blanc.	1	4	»	12
	(Arrestations : 22.)				
Indre-et-Loire : 324,875 h.					
Préfecture. .	Tours..	12	70	55	70
	(Arrestations : 37.)				
Isère : 581,099 h.					
Préfecture. .	Grenoble.	2	18	110	180
Sous-Préfect.	Vienne.	7	30	16	20
Cantons. . .	Voiron.	»	»	»	60
	Cremieu.	»	»	»	20
	(Arrestations : 26.)				
Jura : 288,823 h.					
Préfecture. .	Lons-le-Saulnier. . .	1	8	8	9
Sous-Préfect.	Dole.	1	7	7	»
	Poligny.	»	»	8	»
Cantons. . .	Arbois.	2	11	»	9
	Salins.	1	7	13	60
	(Arrestations : 50.)				

		MAISONS	FILLES EN MAISONS	FILLES EN CARTES	FILLES LIBRES
Landes : 303,508 h.					
Préfecture.	Mont-de-Marsan. . .	1	7	9	25
Sous-Préfect.	Dax.	1	4	4	30
	(Arrestations : 37.)				
Loir-et-Cher : 272,634 h.					
Préfecture.	Blois.	2	14	17	15
Sous-Préfect.	Vendôme.	2	10	5	4
	Romorantin. . . .	1	4	»	7
	(Arrestations : 40.)				
Loire : 590,613 h.					
Préfecture.	Saint-Étienne.	12	81	61	130
Scus-Préfect.	Roanne.	4	48	19	60
	Montbrison	1	3	2	7
Canton. . .	Rive-de-Gier. . . .	4	34	»	»
	(Arrestations : 215.)				
Haute-Loire : 313,721 h.					
Préfecture.	Le Puy.	2	11	21	35
	(Arrestations : 62.)				
Loire-Inférieure : 612,972 h.					
Préfecture.	Nantes.	18	101	115	200
Canton. . .	Saint-Nazaire.	3	36	43	43
	(Arrestations : 92.)				
Loiret : 360,903 h.					
Préfecture.	Orléans.	11	62	44	150
Scus-Préfect.	Montargis.	1	6	2	8
	Pithiviers.	»	»	6	5
	(Arrestations : 219.)				
Lot : 271,512 h.					
Préfecture.	Cahors.	3	11	6	15
Sous-Préfect.	Figeac.	»	»	7	3
	(Arrestations : 16.)				

		MAISONS	FILLES EN MAISONS	FILLES EN CARTES	FILLES LIBRES
Lot-et-Garonne : 350,041 h.					
Préfecture.	Agen.	15	46	27	25
Sous-Préfect.	Marmande.	2	9	»	30
	Nérac.	1	4	»	50
	Villeneuve-d'Agen.	3	45	7	45
Canton.	Tonneins.	»	»	»	60
	(Arrestations : 39.)				
Lozère : 138,319 h.					
Néant.					
Maine-et-Loire : 517,258 h.					
Préfecture.	Angers.	11	52	95	55
Sous-Préfect.	Cholet.	2	11	»	35
	Saumur.	3	15	28	28
	(Arrestations : 139.)				
Manche : 539,910 h.					
Préfecture.	Saint-Lô.	1	5	6	»
Sous-Préfect.	Avranche.	1	5	»	5
	Cherbourg.	3	28	54	40
Cantons.	Granville.	2	11	»	11
	Torigné.	»	»	1	2
	(Arrestations : 33.)				
Marne : 539,910 h.					
Préfecture.	Châlons.	5	33	9	28
Sous-Préfect.	Epernay.	3	18	9	»
	Reims.	3	16	52	50
	Vitry-le-Français.	1	4	1	20
Canton	Sezanne.	1	5	»	»
Commune.	*Mourmelon.*	1	24	3	40
	(Arrestations : 198.)				
Haute-Marne : 252,448 h.					
Préfecture.	Chaumont	1	8	»	25

		MAISONS	FILLES EN MAISONS	FILLES EN CARTES	FILLES LIBRES
Sous-Préfect.	Langres.	4	8	10	20
Cantons. . .	Joinville.	»	»	»	6
	Saint-Dizier.	»	»	»	10
	(Arrestations : 7.)				
Mayenne : 351,933 h					
Préfecture. .	Laval.	3	25	43	45
Sous-Préfect.	Mayenne	4	5	3	25
	Château-Gontier. . .	4	5	6	7
	(Arrestations : 159.)				
Meurthe-et-Moselle : 404,609 h.					
Préfecture. .	Nancy.	11	60	160	100
Sous-Préfect.	Lunéville.	2	45	47	106
	Toul.	2	13	6	29
Cantons. . .	Longuyon.	»	»	»	10
	Pont-à-Mousson. . .	4	4	»	»
	Thiaucourt.	»	»	»	2
	(Arrestations : 369.)				
Meuse : 294,054 h.					
Préfecture. .	Bar-le-Duc.	2	9	8	20
Sous-Préfect.	Commercy.	4	6	»	»
	Montmédy.	4	3	»	»
	Verdun.	6	39	22	14
Cantons. . .	Saint-Mihel.. . . .	4	9	»	»
	Stenay.	»	»	»	10
	(Arrestations : 65.)				
Morbihan : 505,573 h.					
Préfecture. .	Vannes.	2	12	29	21
Sous-Préfect.	Pontivy.	4	5	»	10
	Lorient.	10	5	40	35
Canton. . .	Auray.	»	»	»	20

		MAISONS	FILLES EN MAISONS	FILLES EN CARTES	FILLES LIBRES
Cantons. .	Port-Louis.	»	»	»	42
	Le Palais.	»	»	»	5
Commune.	Caudan.	»	»	»	6
	(Arrestations : 496.)				

Nièvre : 346,822 h.

Préfecture. .	Nevers.	11	38	21	40
Sous-Préfect.	Cosne.	1	6	»	»
Canton. .	Decise.	1	4	»	
	(Arrestations : 32.)				

Nord : 1,519,585 h.

Préfecture. .	Lille.	22	105	90	100
Sous-Préfect.	Avesne.	1	5	»	40
	Cambrai.	2	14	15	40
	Douai.	5	33	17	9
	Dunkerque.	15	106	40	50
	Valenciennes. . . .	12	59	6	50
Cantons. .	Maubouge.	2	8	»	58
	Le Cateau.	1	5	»	40
	Roubaix.	3	12	4	»
Communes. .	*Hautmont.*	»	»	»	40
	Rosendael.	»	»	4	6
	Anzin.	»	»	4	40
	Denain.	»	»	»	48
	(Arrestations : 203.)				

Oise : 404,608 h.

Préfecture. .	Beauvais.	2	48	12	30
Sous-Préfect.	Compiègne.	2	20	25	28
Canton. .	Noyon.	1	»	»	40
	(Arrestations : 67.)				

		MAISONS	FILLES EN MAISONS	FILLES EN CARTES	FILLES LIBRES
Orne : 392,326 h.					
Préfecture. .	Alençon.	3	15	11	10
Sous-Préfect.	Argentan.	1	5	2	»
	Mortagne.	»	»	»	15
Cantons. . .	Flers.	»	»	»	17
	Juvigné.	»	»	»	3
	L'Aigle.	»	»	»	35
Commune. .	*Belléme.*	»	»	15	12
	(Arrestations : 129.)				
Pas-de-Calais : 793,140 h.					
Préfecture. .	Arras.	4	23	9	30
Sous-Préfect.	Béthune.	1	4	12	20
	Boulogne.	6	29	19	30
	Saint-Omer.	6	21	12	12
Cantons. . .	Aire.	»	»	4	10
	Calais.	5	23	14	12
Commune. .	*Saint-Pierre-les-Calais.*	1	3	»	15
	(Arrestations : 129.)				
Puy-de-Dôme : 570,207 h.					
Préfecture. .	Clermont.	10	66	60	60
Sous-Préfect.	Issoire.	1	4	»	»
	Thiers.	1	5	»	15
	Riom.	2	8	»	10
	Ambert.	»	»	»	10
Canton. . .	Arlanc.	»	»	»	15
	(Arrestations : 119.)				
Basses-Pyrénées : 451,525 h.					
Préfecture. .	Pau.	3	21	24	50
Sous-Préfect	Bayonne.	3	25	24	65
Canton. . .	Saint-Jean-de-Luz. .	»	»	»	12
Commune. .	*Biarritz.*	»	»	»	16
	(Arrestations : 180.)				

		MAISONS	FILLES EN MAISONS	FILLES EN CARTES	FILLES LIBRES
Hautes-Pyrénées : 238,037 h.					
Préfecture. .	Tarbes.	7	30	23	40
Sous-Préfect.	Bagnères.	2	5	1	15
Cantons. . .	Cauterets.	»	»	10	15
	Lannemezan.	»	»	»	3
	(Arrestations : 222.)				
Pyrénées-Orientales : 197,940 h.					
Préfecture. .	Perpignan.	12	53	30	150
Canton. . .	Saint-Paul.	»	»	»	12
Belfort : 68,600 h.		»	»	85	20
(Peu de détails sur ce territoire)					
Rhône : 705,131 h.					
Préfecture. .	Lyon.	25	198	318	5000
Sous-Préfect.	Villefranche.	5	23	11	25
Canton. . .	Thisy.	»	»	»	1
	(Arrestations : 388.)				
Haute-Saône : 304,052 h.					
Préfecture. .	Vesoul.	1	9	7	18
Sous-Préfect.	Gray.	3	19	5	10
	Lure.	»	»	6	»
	(Arrestations : 25.)				
Saone-et-Loire : 614,309 h.					
Préfecture. .	Macon.	3	17	»	18
Sous-Préfect.	Autun.	1	7	»	15
	Châlons.	1	12	5	50
Communes. .	*Creusot.*	»	»	»	26
	Monceau-les-Mines. . .	»	»	»	6
	(Arrestations : 47.)				
Sarthe : 446,239 h.					
Préfecture. .	Le Mans.	15	65	75	110
Sous-Préfect.	Mamers.	1	4	»	»

		MAISONS	FILLES EN MAISONS	FILLES EN CARTES	FILLES LIBRES
Canton. . .	Sablé.	1	3	»	»
	(Arrestations : 120.)				
Savoie : 268,361 h.					
Préfecture. .	Chambéry.	2	13	»	14
	(Pas d'arrestations.)				
Haute-Savoie : 273,801 h.					
Préfecture. .	Annecy.	1	6	5	6
Sous-Préfect.	Bonneville.	»	»	»	1
	Saint-Julien. . . .	»	»	»	4
Canton. , .	La Roche.	»	»	»	4
	(Arrestation : 1)				
Seine : 2,410,849 h.					
Préfecture. .	Paris.	123	1343	2648	23000
Communes. .	Pantin.				
	Courbevoie. . . .				
	Vincennes.	10 maisons avec un nombre			
	Aubervilliers. . . .	variable de filles comptées			
	Boulogne.	avec les prostituées de Paris.			
	Romainville. . . .				
	(Arrestations : 2599.)				
Seine-Inférieure : 798,414 h.					
Préfecture. .	Rouen.	21	164	52	120
Sous-Préfect.	Dieppe.	2	9	11	»
	Le Havre.	29	190	62	200
	Fécamp.	1	5	»	60
Cantons. , .	Elbeuf.	2	12	10	200
	Caudebec.	»	»	»	90
	(Arrestations : 979.)				
Seine-et-Marne : 347,323 h.					
Préfecture. .	Melun.	2	8	»	12

		MAISONS	FILLES EN MAISONS	FILLES EN CARTES	FILLES LIBRES
Sous-Préfect.	Coulommiers.	1	6	»	5
	Fontainebleau. . . .	2	11	9	30
	Meaux.	5	30	11	30
	Provins.	2	11	2	16
Cantons. . .	Montereau.	1	5	»	10
	Claye.	»	»	»	1
	(*Arrestations :* 65.)				

Seine-et-Oise : 561,990 h.

		MAISONS	FILLES EN MAISONS	FILLES EN CARTES	FILLES LIBRES
Préfecture. .	Versailles.	15	118	32	10
Sous-Préfect.	Rambouillet.	1	7	»	»
Canton. . .	Saint-Germain. . . .	1	35	»	10
Commune. .	*Rueil.*	1	5	»	»
	(*Arrestations :* 90.)				

Deux-Sèvres : 338,655 h.

		MAISONS	FILLES EN MAISONS	FILLES EN CARTES	FILLES LIBRES
Préfecture. .	Niort.	3	11	10	50
Sous-Préfect.	Parthenay.	1	4	»	6
Cantons. . .	Saint-Maixent. . .	1	9	5	8
	Thouars	1	4	»	»
	(*Arrestations :* 37.)				

Somme : 556,641 h.

		MAISONS	FILLES EN MAISONS	FILLES EN CARTES	FILLES LIBRES
Préfecture. .	Amiens.	11	56	58	25
Sous-Préfect.	Abbeville.	5	21	3	»
	Péronne	1	4	»	8
	Montdidier	»	»	»	5
Cantons. . .	Saint-Valery. . . .	»	»	»	6
	Ham, ...	»	»	»	10
	Roye.	»	»	»	10
	Harbonnière. . . .	»	»	»	3
	(*Arrestations :* 240.)				

		MAISONS	FILLES EN MAISONS	FILLES EN CARTES	FILLES LIBRES
Tarn : 259,232 h.					
Préfecture.	Albi.	6	21	5	6
Sous-Préfect.	Castres.	5	26	15	40
	Lavaur.	»	»	»	30
Cantons.	Graulhet	»	»	»	25
	Mazamet.	»	»	»	25
(Arrestations : 15.)					
Tarn-et-Garonne : 221,364 h.					
Préfecture.	Montauban.	3	16	4	15
Sous-Préfect.	Moissac.	1	4	3	16
	Castelsarrazin	1	5	3	5
Cantons.	Baumont	»	»	»	2
	Valence.	»	»	»	4
(Arrestations : 65.)					
Var : 295,763 h.					
Préfecture.	Draguignan	2	18	»	5
Sous-Préfect.	Toulon.	45	246	29	150
Canton.	Yères.	2	11	»	4
(Arrestations : 203.)					
Vaucluse : 255,703 h.					
Préfecture.	Avignon	12	45	27	90
Sous-Préfect.	Apt.	»	»	5	»
	Carpentras.	3	9	9	»
	Orange.	2	6	6	»
(Arrestations : 40.)					
Vendée : 411,781 h.					
Préfecture.	La Roche-sur-Yon.	3	13	19	5
Sous-Préfect.	Fontenay.	1	5	»	»
(Arrestations : 14.)					

	MAISONS	FILLES EN MAISONS	FILLES EN CARTES	FILLES LIBRES
Vienne : 330,916 h.				
Préfecture. . Poitiers.	6	35	20	30
Sous-Préfect. Châtellerault.	2	45	»	47
(*Arrestations :* 24.)				
Haute-Vienne, 336,061 h.				
Préfecture. . Limoges.	17	74	89	200
Sous-Préfect. Bellac.	4	3	4	6
Saint-Yrieix.	»	»	»	50
Cantons. . . Saint-Léonard. . . .	»	»	»	20
Magnac-Laval. . . .	4	4	4	»
(*Arrestations :* 108.)				
Vosges : 407,082 h.				
Préfecture. . Epinal.	2	47	42	20
Sous-Préfect. Mirecourt.	»	»	3	2
Neufchâteau.	4	6	4	30
Remiremont. . . .	4	8	4	»
Saint-Dié.	2	42	24	26
Cantons. . . Rambervilliers. . . .	»	»	45	40
Charmes.	»	»	2	42
Fraise	»	»	»	3
Bruyères.	»	»	»	45
(*Arrestations :* 44.)				
Yonne : 359,070 h.				
Préfecture. . Auxerre.	3	49	8	42
Sous-Préfect. Joigny.	2	40	»	45
Sens.	4	7	»	48
Tonnerre.	4	5	»	40
Canton. . . Villeneuve-sur-Yonne.	»	»	»	5
(*Arrestations :* 27.)				

PROSTITUTION INSCRITE

TABLEAU N° 2

MAISONS DE TOLÉRANCE
FILLES EN MAISONS — FILLES ISOLÉES
ÉTAT PAR DÉPARTEMENT

N° D'ORDRE	DÉPARTEMENTS	NOMBRE DE MAISONS	NOMBRE DE FILLES	PROPORTION 1 pour
1	Terr. de Belfort.	10	85	105
2	Seine (Paris).	123	3991	601
3	Bouches-du-Rhône (Marseille). .	100	750	751
4	Var (Toulon).	49	294	1006
5	Gironde (Bordeaux).	73	620	1185
6	Rhône (Lyon).	30	550	1282
7	Haute-Garonne (Toulouse). . . .	27	326	1462
8	Hérault (Montpellier, Béziers). .	52	290	1500
9	Seine-Inférieure (Rouen, le Havre).	55	776	1541
10	Doubs (Besançon).	12	183	1684
11	Meurthe-et-Moselle (Nancy). . .	16	275	1835
12	Côte-d'Or (Dijon).	16	200	1888
13	Alpes-Maritimes (Nice, Cannes). .	9	105	1958
14	Loire-Infér. (Nantes, St-Nazaire).	21	295	2018
15	Haute-Vienne (Limoges).	19	171	2148
16	Finistère (Brest).	28	295	2224
17	Marne.	17	177	2303
18	Pyrénées-Orientales.	12	83	2395
19	Aisne.	19	221	2555
20	Maine-et-Loire.	16	201	2576
21	Indre-et-Loire.	12	125	2598
22	Loire.	21	218	2754
23	Charente-Inférieure.	21	179	2767
24	Drôme.	20	116	2773
25	Vaucluse.	15	93	2773

Nº D'ORDRE	DÉPARTEMENTS	NOMBRE DE MAISONS	NOMBRE DE FILLES	PROPORTION
				1 pour
26	Seine-et-Oise.	21	197	2837
27	Lot-et-Garonne..	21	108	2878
28	Calvados.	10	151	2980
29	Loiret.	12	126	3007
30	Sarthe.	17	148	3015
31	Meuse.	11	96	3063
32	Aude.	11	97	3093
33	Nord..	57	486	3127
34	Charente.	18	116	3368
35	Isère..	9	174	3397
36	Hautes-Pyrénées.	9	69	3464
37	Gard..	20	128	3474
38	Pas-de-Calais..	17	219	3676
39	Morbihan.	13	136	3724
40	Seine-et-Marne.	13	91	3849
41	Somme.	17	142	3920
42	Ille-et-Vilaine.	16	151	3923
43	Puy-de-Dôme.	14	143	3993
44	Vosges.	6	101	4030
45	Aube..	6	62	4148
46	Jura.	2	69	4188
47	Cher..	11	74	4444
48	Vienne.	8	70	4727
49	Ardennes.	7	68	4785
50	Basses-Pyrénées.	6	94	4803
51	Manche.	7	110	4826
52	Nièvre..	13	69	5026
53	Tarn.	11	67	5361
54	Oise.	4	75	5394
55	Eure.	6	67	5576
56	Tarn-et-Garonne..	5	35	6181
57	Mayenne.	5	56	6282

N.º D'ORDRE	DÉPARTEMENTS	NOMBRE DE MAISONS	NOMBRE DE FILLES	PROPORTION
				1 pour
58	Indre.	6	44	6388
59	Allier.	10	62	6561
60	Haute-Saône.	4	46	6825
61	Yonne.	7	49	7348
62	Gers.	7	37	7666
63	Eure-et-Loir.	6	37	7676
64	Dordogne.	10	64	7685
65	Corse.	4	34	7725
66	Deux-Sèvres. . . . . , . .	6	41	8210
67	Corrèze.	6	35	8810
68	Haute-Marne.	2	26	9708
69	Haute-Loire.	2	32	9772
70	Lot.	3	27	10241
71	Saône-et-Loire.	5	41	10883
72	Vendée.	4	37	11131
73	Hautes-Alpes.	1	10	11894
74	Orne.	4	33	11894
75	Landes.	2	24	12646
76	Loir-et-Cher.	5	70	13894
77	Ain.	3	24	15220
78	Aveyron.	3	27	17243
79	Côtes-du-Nord.	5	37	17288
80	Basses-Alpes.	1	7	19451
81	Savoie.	2	13	20642
82	Cantal.	2	10	23108
83	Haute-Savoie.	1	11	23395
84	Ardèche.	2	13	29633
85	Ariège.	2	8	30599
86	Creuse.	1	3	92800
87	Lozère.	0	0	

PROSTITUTION LIBRE

TABLEAU N° 3.

FILLES LIBRES
ÉTAT PAR DÉPARTEMENT. — PROPORTION

N° D'ORDRE	FILLES LIBRES	NOMBRE	PROPORTION
			1 pour
1	Rhône.	5036	142
2	Gironde.	2006	366
3	Belfort.	20	430
4	Haute-Garonne.	865	551
5	Aube.	400	637
6	Gard.	501	848
7	Seine.	23000	1040
8	Bouches-du-Rhône.	510	1080
9	Seine-Inférieure.	670	1191
10	Haute-Vienne.	276	1217
11	Pyrénées-Orientales.	162	1218
12	Var.	159	1226
13	Hérault.	358	1243
14	Doubs.	195	1575
15	Meurthe-et-Moselle.	247	1693
16	Cher.	188	1890
17	Alpes-Maritimes.	94	2180
18	Loiret.	163	2207
19	Calvados.	197	2289
20	Ariège.	105	2342
21	Loire-Inférieure.	243	2400
22	Lot-et-Garonne.	120	2633
23	Vosges.	148	2760
24	Vaucluse.	90	2834
25	Tarn.	126	2847
26	Isère.	280	2889
27	Marne.	138	2946
28	Loire.	197	2999

N° D'ORDRE	FILLES LIBRES	NOMBRE	PROPORTION
			1 pour
29	Hautes-Pyrénées.	73	3220
30	Aude.	90	3333
31	Seine-et-Marne.	104	3335
32	Basses-Pyrénées.	127	3543
33	Jura.	78	3691
34	Eure.	94	3936
35	Nord.	381	3960
36	Allier.	103	3991
37	Sarthe.	110	4054
38	Haute-Marne.	61	4131
39	Corrèze.	75	4140
40	Eure-et-Loir.	67	4224
41	Orne.	92	4260
42	Charente-Inférieure.	107	4381
43	Maine-et-Loire.	118	4382
44	Saône-et-Loire	140	4386
45	Mayenne.	77	4511
46	Indre-et-Loire.	70	4625
47	Drôme.	66	4872
48	Ain.	75	4875
49	Charente.	75	4980
50	Morbihan.	101	5009
51	Pas-de-Calais.	144	5020
52	Seine-et-Oise.	110	5020
53	Puy-de-Dôme.	110	5118
54	Deux-Sèvres.	64	5258
55	Tarn-et-Garonne.	42	5261
56	Ille-et-Vilaine.	112	5383
57	Ardennes.	60	5433
58	Landes.	55	5454
59	Somme.	97	5628
60	Oise.	68	5950

Nᵒˢ D'ORDRE	FILLES LIBRES	NOMBRE	PROPORTION
			1 pour
61	Yonne.	60	5966
62	Côtes-du-Nord.	106	6037
63	Dordogne.	80	6112
64	Gers.	45	6118
65	Corse.	42	6290
66	Meuse.	44	6700
67	Vienne. . . . . :	47	7021
68	Finistère.	94	7086
69	Creuse.	37	7521
70	Aveyron.	55	7560
71	Aisne.	71	7972
72	Ardèche.	48	8000
73	Nièvre.	40	8850
74	Haute-Loire.	35	8960
75	Côte-d'Or.	42	8972
76	Manche.	58	9293
77	Indre.	30	9333
78	Loir-et-Cher.	28	9715
79	Haute-Saône.	28	10891
80	Lot.	18	15333
81	Hautes-Alpes.	7	17000
82	Savoie.	14	18866
83	Haute-Savoie.	15	19143
84	Cantal.	10	23108
85	Basses-Alpes.	3	45000
86	Vendée.	5	82340

Tableau nᵒ 4.

FILLES ARRÊTÉES
POUR FAIT OU SOUPÇON DE PROSTITUTION
ÉTAT PAR DÉPARTEMENT. — PROPORTION

Nºˢ D'ORDRE	FILLES ARRÊTÉES	NOMBRE	PROPORTION
			1 pour
1	Bouches-du-Rhône.	1700	326
2	Gironde.	2100	350
3	Seine-Inférieure.	979	803
4	Seine.	2599	927
5	Hautes-Pyrénées.	222	1077
6	Pyrénées-Orientales.	150	1316
7	Var.	203	1463
8	Loiret.	219	1648
9	Ille-et-Vilaine.	362	1660
10	Allier.	116	1726
11	Rhône.	388	1835
12	Hérault.	243	1872
13	Meurthe-et-Moselle.	269	1992
14	Marne.	198	2061
15	Mayenne.	159	2219
16	Calvados.	197	2288
17	Somme.	240	2316
18	Charente.	153	2445
19	Ain.	147	2485
20	Basses-Pyrénées.	180	2505
21	Morbihan.	196	2663
22	Loire.	215	2743
23	Charente-Inférieure.	151	3079
24	Haute-Vienne.	108	3111
25	Côte-d'Or.	113	3336
26	Tarn-et-Garonne.	65	3400
27	Sarthe.	148	3716
28	Maine-et-Loire.	204	3719

Nᵒ D'ORDRE	FILLES ARRÊTÉES	NOMBRE	PROPORTION
			1 pour
29	Puy-de-Dôme.	143	4086
30	Aisne.	221	4528
31	Meuse.	65	4538
32	Doubs.	60	5010
33	Haute-Loire.	62	5048
34	Aude.	59	5169
35	Haute-Garonne.	90	5300
36	Seine-et-Marne.	65	5330
37	Jura.	50	5666
38	Ardennes.	56	5716
39	Oise.	67	5850
40	Corse.	44	5954
41	Pas-de-Calais.	129	6145
42	Seine-et-Oise.	90	6223
43	Vaucluse.	40	6274
44	Loire-Inférieure.	92	6663
45	Loir-et-Cher.	40	6800
46	Drôme.	44	7295
47	Nord.	263	7482
48	Lot-et-Garonne.	39	8102
49	Cher.	41	8414
50	Finistère.	79	8430
51	Gard.	52	8496
52	Indre-et-Loire.	37	8757
53	Landes.	37	8809
54	Deux-Sèvres.	37	9084
55	Vosges.	44	9250
56	Corrèze.	33	9969
57	Aube.	45	10014
58	Alpes-Maritimes.	20	10280
59	Nièvre.	32	10812
60	Ardèche.	35	10971

Nos D'ORDRE	FILLES ARRÊTÉES	NOMBRE	PROPORTION
			1 pour
61	Gers.	25	11220
62	Eure.	32	11650
63	Aveyron.	35	11898
64	Haute-Saône.	25	12160
65	Indre.	22	12772
66	Yonne.	7	13293
67	Vienne.	24	13293
68	Saône-et-Loire.	47	15106
69	Manche.	33	16057
70	Lot.	16	17187
71	Isère.	26	22345
72	Orne.	17	23058
73	Tarn.	15	23933
74	Vendée.	14	29376
75	Ariège.	8	29527
76	Dordogne.	15	32600
77	Haute-Marne.	7	36000
78	Cantal.	4	57786
79	Basses-Alpes.	7	57786
80	Eure-et-Loire.	3	99333
81	Haute-Savoie.	1	293801

Tableau n° 5.

FILLES INSCRITES ET FILLES LIBRES
ÉTAT PAR VILLE. — PROPORTION

N°s D'ORDRE.	VILLES	POPULATION.	FILLES INSCRITES.	PROPORTION.	FILLES LIBRES.	PROPORTION.
				1 pour		1 pour
	Ain.					
1	Bourg.	14740	12	1228	50	290
2	Sathonay.	5600	12	546	25	260
	Aisne.					
3	Laon.	10000	21	476	20	500
4	Saint-Quentin. . . .	5000	143	24	10	3500
5	Vervins.	2700	6	450	6	450
6	Soissons.	12000	10	1200		
7	Château-Thierry. . .	7000	4	1760	10	700
8	Chauny.	9600	17	563	25	344
9	La Fère.	4988	7	711	6	830
10	Guise.	3200	5	640		
	Allier.					
11	Moulins.	20000	32	624	50	400
12	Montluçon.	18900	9	2100	15	1260
13	Ainay.	2200			1	2240
14	Vichy.	6200	21	295	40	155
	Basses-Alpes.					
15	Digne.	8000	7	1142	3	2666
	Hautes-Alpes.					
16	Gap.	9000	10	900	7	1885
	Alpes-Maritimes.					
17	Nice.	52000	82	609	50	1040
18	Grasse.	13000	9	1444	12	1883
19	Cannes.	10000	14	714	30	333
20	Antibes.	6000	14		2	3000
	Ardèche.					
21	Privas.	8000	4	2000	10	800

Nos D'ORDRE	VILLES	POPULATION	FILLES INSCRITES	PROPORTION	FILLES LIBRES	PROPORTION
				1 pour		1 pour
22	Tournon.	5800	4		4	1450
23	Annonay..	18445	14	1317	30	611
	Ardennes.					
24	Mézières.	18000	19	946	5	3600
25	Charleville.	15000	2	7500	3	5000
26	Rethel.	7800	11	737	50	156
27	Sedan..	15057	29	519		
28	Givet.	5900	7	842		
	Ariège.					
29	Foix.	7000	2	3500	105	67
30	Pamiers.	8200	6	1333		
	Aube.					
31	Troyes.	38000	100	380	400	95
	Aude.					
32	Carcassonne. . . .	24000	42	571	50	480
33	Limoux.	7000	9	479		
34	Chalabre	2218	10	480		
35	Castelnaudary.. . .	6500	10	650		
36	Narbonne.	17172	34	505	40	428
	Aveyron					
37	Rodez.	12000	6	2000	40	300
38	Milhau.	13900	14	1421		
39	Villefranche. . . .	9800	4	2450	15	653
40	Decazeville.. . . .	7200	3	2400		
	Bouches-du-Rhône.					
41	Marseille, . . .	310000	664	467	430	727

№ D'ORDRE	VILLES	POPULATION	FILLES INSCRITES	PROPORTION	FILLES LIBRES	PROPORTION
				1 pour		1 pour
42	La Ciotat.	10000	9	1111	10	1000
43	Aix..	29000	41	707	15	1933
44	Salons..	7000	4	1750		
45	Arles.	25000	33	750	50	500
46	Tarascon..	13000	9	1444	5	1600
	Calvados.					
47	Caen.	41000	84	489	32	1281
48	Bayeux.	10000	4	2500	28	359
49	Falaise.	8000	14	571	25	320
50	Lisieux.	13000	35	371	40	325
51	Vire.	6850	14	488	25	290
52	Condé-sur-Noireau. .	6600			10	660
53	Trouville..	5600			20	250
54	Honfleur..	9946			15	662
	Cantal.					
55	Aurillac.	11000	10	1100	10	1100
	Charente.					
56	Angoulême.	26000	86	302	51	509
57	Barbezieux.	4000	5	800	12	333
58	Cognac.	9800	20	490	7	1400
59	Jarnac.	3800	4	1100	5	1400
60	Châteauneuf. . .	3500	3	1200		
	Charente-Inférieure.					
61	La Rochelle.. . . .	20000	48	416		
62	Saint-Martin-de-Ré. .	2200	3	733		
63	Rochefort. . . .	28000	104	250	90	311
64	Saint-Jean-d'Angély.	7500	6	1250	12	625
65	Saintes.	12000	13	923	5	2500

Nᵒˢ D'ORDRE	VILLES	POPULATION	FILLES INSCRITES	PROPORTION	FILLES LIBRES	PROPORTION
				1 pour		1 pour
66	Royan.	4220	5	840		
	Cher.					
67	Bourges.	31000	54	579	150	206
68	Saint-Amand. . . .	8900	10	890	18	494
69	Farge-en-Septaine. .	3408	14	200	20	140
	Corrèze.					
70	Tulle.	13000	14	928	15	866
71	Brives.	11000	2	527	60	166
	Corse.					
72	Ajaccio.	17000	11	1536	30	666
73	Bastia.	18000	23	795	12	1500
	Côte-d'Or.					
74	Dijon.	43000	169	254	100	430
75	Beaune.	11000	13	845	3	3666
76	Auxonne.	6000	18	333	25	240
	Côtes-du-Nord.					
77	Saint-Brieuc. . .	15000	19	788	16	937
78	Dinan.	8900	13	684	80	111
79	Guingamp.	7000	5	5300	3	2333
80	Lannion.	7000			3	2500
81	Tréguier.	3600			6	600
	Creuse.					
82	Guéret.	5000	3	1666	12	416
83	Aubusson.	6800			18	377
84	Felletin.	3200			7	477

N° D'ORDRE	VILLES	POPULATION	FILLES INSCRITES	PROPORTION	FILLES LIBRES	PROPORTION
	Dordogne.			1 pour		1 pour
85	Périgueux.	22000	49	449	75	293
86	Bergerac..	13000	7	1857		
87	Sarlat.	7200	8	900	3	1400
88	Nontron.	3600			2	1800
	Doubs.					
89	Besançon.	49000	174	281	150	320
90	Montbéliard. . . .	6500	9	822	45	144
	Eure.					
91	Evreux.	12000	18	666	20	600
92	Vernon.	9900	18	500		
93	Bernay.	7800	18	400	13	600
94	Brionne.	4000	8	500	8	500
95	Louviers.	11900	5	2520	45	204
	Drôme.					
96	Valence.	20000	70	285	30	666
97	Romans.	12000	34	388	16	750
98	Montélimar.. . . .	11200	12	933	20	560
	Eure-et-Loir.					
99	Chartres.	20000	25	800	40	500
100	Châteaudun. . . .	6880	6	1130	10	688
101	Dreux.	7500	6	1250	12	625
102	Nogent-le-Rotrou.. .	7300	2	3650	5	1420
	Finistère.					
103	Quimper.	13000	13	1000	6	2166
104	Brest.	66000	264	250	60	1100
105	Morlaix.	15000	18	833	28	536

N° D'ORDRE	VILLES	POPULATION	FILLES INSCRITES	PROPORTION	FILLES LIBRES	PROPORTION
	Gard.			1 pour		1 pour
106	Nîmes.	68000	79	783	485	127
107	Alais.	20000	32	624	16	1250
108	Uzès.	6200	5	1240		
109	Pont-Saint-Esprit.	4800	7	685		
110	Saint-Hippolyte. . .	4400	5	880		
	Haute-Garonne.					
111	Toulouse. . . .	125000	316	395	850	147
112	Saint-Gaudens. . .	6160	10	616		
113	Bagnères-de-Luchon.	3920			15	260
	Gers.					
114	Auch.	13000	28	469	20	605
115	Condom	9000	4	2250	5	1800
116	Mirande.	4500	5	1125	20	225
117	Masseube. . . .	1950	1	1950		
	Gironde.					
118	Bordeaux. . . .	200000	605	330	2000	100
119	Libourne. . . .	16000	15	1060	5	3400
120	Blaye.	4700			1	4700
	Hérault.					
121	Montpellier. . . .	58000	75	773	200	290
122	Cette.	26000	37	702		
123	Lunel.	7300	8	912	8	912
124	Béziers.	31000	103	300	150	206
125	Agde.	10200	4	2555		
126	Pezenas.	8200	4	2000		
127	Lodève.	1150	17	652		
	Ille-et-Vilaine.					
128	Rennes.	52000	117	444	50	1040
129	Saint-Malô. . . .	11500	18	632	12	950

N⁰ˢ D'ORDRE	VILLES	POPULATION	FILLES INSCRITES	PROPORTION	FILLES LIBRES	PROPORTION
				1 pour		1 pour
130	Dol.	4300			10	430
131	Saint-Servan. . . .	12400			20	620
132	Fougères.	10000	16	625	20	500
	Indre.					
133	Châteauroux. . . .	19000	17	1117	8	2125
134	Issoudun.	15000	20	700	10	1500
135	La Châtre.	6000	3	2000		
136	Le Blanc.	6000	4	1500	12	500
	Indre-et-Loire.					
137	Tours.	43000	115	365	70	614
	Isère.					
138	Grenoble.	43000	128	345	180	240
139	Voiron.	11000			60	183
140	Vienne.	26000	46	665	20	1300
141	Crémieux.	2244			20	112
	Jura.					
142	Lons-le-Saulnier. . .	11000	16	686	9	1222
143	Dôle.	12000	14	856		
144	Poligny.	6000	8	750		
145	Arbois.	6200	11	563	9	688
146	Salins.	6800	20	340	60	111
	Landes.					
147	Mont-de-Marsan. . .	9000	16	562	25	320
148	Dax.	10000	8	1250	30	333
	Loir-et-Cher.					
149	Blois.	20000	31	645	15	1333

Nos D'ORDRE	VILLES	POPULATION	FILLES INSCRITES	PROPORTION	FILLES LIBRES	PROPORTION
				1 pour		1 pour
150	Vendôme.	10100	15	673	4	2525
151	Romorantin.. . . .	8500	4	2125	7	1214
	Loire.					
152	Saint-Etienne. . . .	111000	142	781	130	853
153	Rive-de-Gier. . . .	14500	34	426		
154	Roanne.	20000	37	540	60	333
155	Montbrison.. . . .	5700	5	1140	7	812
	Haute-Loire.					
156	Le Puy.	20000	32	625	35	555
	Loire-Inférieure.					
157	Nantes.	119000	216	551	200	595
158	Saint-Nazaire. . . .	24000	79	303	43	581
	Loiret.					
159	Orléans.	49000	106	462	150	326
160	Montargis.	9000	8	1122	8	1122
161	Pithiviers.	5200	6	868	5	1040
	Lot.					
162	Cahors.	14000	20	700	15	933
163	Figeac.	7900	7	1128	3	2633
	Lot-et-Garonne.					
164	Agen.	18000	73	246	25	720
165	Marmande.	8800	9	977	30	293
166	Nérac..	8000	4	2000	50	160
167	Tonneins.	8200			60	136
168	Villeneuve-d'Agen. .	13114	22	295	45	874
	Lozère.	0	0	0	0	0

Nos D'ORDRE	VILLES	POPULATION	FILLES INSCRITES	PROPORTION	FILLES LIBRES	PROPORTION
	Maine-et-Loire.			1 pour		1 pour
169	Angers.	58000	147	394	55	1054
170	Cholet.	14000	11	1272	35	400
171	Saumur.	14000	43	325	28	500
	Manche.					
172	Saint-Lô.	9000	11	818		
173	Torigné.	2200	1	2200	2	1100
174	Avranches	8800	5	1750	5	1750
175	Granville.	16000	11	1454	11	1454
176	Cherbourg. . . .	38000	82	463	40	950
	Marne					
177	Châlons.	18000	42	428	28	642
178	Mourmelon. . . .	6890	27	255	40	170
179	Epernay.	12500	27	462		
180	Sezanne.	4600	5	920		
181	Reims.	63000	68	941	50	1260
182	Vitry-le-Français. .	8200	8	1025	20	410
	Haute-Marne.					
183	Chaumont. . . .	9000		1122	28	320
184	Langres.	8600	18	477	20	430
185	Joinville.	3900		»	6	650
186	Saint-Dizier. . . .	10000		»	10	1000
	Mayenne.					
187	Laval.	27000	38	710	45	600
188	Mayenne.	10800	8	1350	25	482
189	Château-Gontier. . .	7600	11	690	7	1086

Nos D'ORDRE	VILLES	POPULATION	FILLES INSCRITES	PROPORTION	FILLES LIBRES	PROPORTION
	Meurthe-et-Moselle.			1 pour		1 pour
190	Nancy..	53000	220	240	100	530
191	Lunéville.	18000	32	561	106	188
192	Pont-à-Mousson. . .	8000	4	2000		
193	Toul.	7600	19	400	29	261
194	Thiaucourt.	1500			2	750
195	Longuyon.	1900			10	190
	Meuse.					
196	Bar-le-Duc.	20000	17	1176	20	1000
197	Commercy.	4200	6	700		
198	Saint-Mihel.. . . .	5800	9	644		
199	Montmédy.	3000	3	1000		
200	Stenay.	3000			10	300
201	Verdun.	14000	61	229	14	1000
	Morbiban.					
202	Vannes.	15000	41	365	21	714
203	Pontivy.	8400	5	1680	10	840
204	Lorient.	35000	95	378	35	1000
205	Auray..	4800			20	240
206	Port-Louis.	3200			12	250
207	Le Palais.	4800			3	1510
208	Caudan.	5200			6	850
	Nièvre.					
209	Nevers.	22000	59	389	40	550
210	Decize..	4800	4	355		
211	Cosne.	7000	6	1166		
	Nord.					
212	Lille.	158000	195	810	100	1580

Nº D'ORDRE	VILLES	POPULATION	FILLES INSCRITES	PROPORTION	FILLES LIBRES	PROPORTION
				1 pour		1 pour
213	Roubaix.	76000	16	4750		
214	Avesnes.	3900	5	650	10	390
215	Maubeuge.	11000	8	1375	58	189
216	Cambrai.	23000	29	755	10	2300
217	Le Cateau-Cambrésis.	10000	5	2000	10	1000
218	Douai.	24000	50	480	9	2656
219	Dunkerque.	54000	116	465	50	1080
220	Valenciennes. . . .	25000	65	384	50	500
221	*Hautmont.*	3900			40	100
222	*Rosendael.*	4000			6	680
223	*Anzin.*	8000	1 fille en carte	8000	10	800
224	*Denain.*	12000			18	666
	Oise.					
225	Beauvais.	15000	30	500	30	500
226	Noyon.	6600			10	660
227	Compiègne.	11000	45	311	28	500
	Orne.					
228	Alençon.	16000	26	615	10	1600
229	Argentan..	5500	7	800		
230	Mortagne.	5000			15	333
231	Bellême.	3200			12	266
232	L'Aigle.	6000			35	175
233	Flers.	10000			17	538
234	Juvigné.	1530			3	500
	Pas-de-Calais.					
235	Arras , ...	27000	32	843	30	900
236	Béthune.	8300	16	518	20	415
237	Boulogne..	40000	48	833	36	1333
238	Calais.	13000	37	379	42	309

Nᵉ D'ORDRE	VILLES	POPULATION	FILLES INSCRITES	PROPORTION	FILLES LIBRES	PROPORTION
				1 pour		1 pour
239	St-Pierre-les-Calais. .	7250	3	2431	15	483
240	Saint-Omer.. . . .	22200	36	611	12	1850
241	Aire.	9000	4	2250	10	900
	Puy-de-Dôme.					
242	Clermont..	37000	126	293	60	616
243	Issoire..	6800	4	1700		
244	Thiers..	17000	5	3400		
245	Riom.	11000	8	1373	15	733
246	Ambert.	7500			10	750
247	Arlanc.	4100			10	410
	Basses-Pyrénées.					
248	Pau..	27000	45	658	50	540
249	Bayonne..	27000	49	571	65	415
250	Saint-Jean-de-Luz. .	3000			12	233
251	Biarritz.	3650			16	415
	Hautes-Pyrénées.					
252	Tarbes..	16000	53	301	40	400
253	Bagnères..	10000	6	1666	15	733
254	Lannemezan. . . .	1662			3	567
255	Cauterets.	1600	10	160	15	107
	Pyrénées-Orientales.					
256	Perpignan.	25000	83	301	150	173
257	Saint-Paul.. . . .	2231			12	185
	Rhin.					
258	Belfort.	9000	85	105	20	430

N° D'ORDRE	VILLES	POPULATION	FILLES INSCRITES	PROPORTION	FILLES LIBRES	PROPORTION
	Rhône.			1 pour		1 pour
259	Lyon.	323000	516	627	5000	64
260	Villefranche. . . .	13000	34	352	25	520
261	Tisy.	3000			1	3000
	Haute-Saône.					
262	Vesoul.	8000	16	500	18	444
263	Gray.	6900	24	287	10	690
264	Lure.	4000	6	666		
	Saône-et-Loire.					
265	Macon..	18000	17	1058	48	377
266	Autun..	12350	7	1764	15	823
267	Creuzot.	23872			26	915
268	Chalon-sur-Saône. .	20000	17	1176	50	400
269	Monceau-les-Mines. .	5400			6	900
	Sarthe.					
270	Le Mans..	47000	140	335	110	427
271	Mamers.	6000	4	1500		
272	Sablé.	6000	3	2000		
	Savoie.					
273	Chambéry.	19000	13	1461	14	1359
	Haute-Savoie.					
274	Annecy.	19000	11	1545	6	3016
275	Saint-Julien. . . .	1400			1	1400
276	Bonneville. . . .	2300			4	577
277	La Roche.	3400			4	710

Nos D'ORDRE.	VILLES	POPULATION.	FILLES INSCRITES.	PROPORTION.	FILLES LIBRES.	PROPORTION.
				1 pour		1 pour
	Seine.					
278	Paris.	2400000	3991	601	23000 [1]	104
	Seine-Inférieure.					
279	Rouen..	104000	216	481	120	866
280	Elbeuf..	23500	22	1681	200	117
281	Le Havre.	87000	252	345	200	435
282	Fécamp.	13000	5	2600	60	216
283	Dieppe.	20000	23	869		
284	Caudebec. . . .	2100			90	23
	Seine-et-Marne.					
285	Melun..	11000	8	1374	12	916
286	Fontainebleau.. .	12000	20	600	30	400
287	Montereau . . .	6900	5	1380	10	690
288	Meaux..	11800	41	287	30	393
289	Provins.	8200	13	630	16	512
290	Coulommiers. . .	5000	6	826	5	1000
291	Claye.	1950			1	1950
	Seine-et-Oise.					
292	Versailles. . . .	60000	150	400	100	600
293	Rambouillet. . .	4500	7	632		
294	Saint-Germain. .	17900	35	511	10	1790
295	Rueil.	7000	5	1400		
	Deux-Sèvres.					
296	Niort.	21000	21	1000	50	402

1. Ce nombre est approximatif, car à Paris le contrôle des filles libres est plus difficile que dans les petites villes.

Nᵒˢ D'ORDRE.	VILLES	POPULATION.	FILLES INSCRITES.	PROPORTION.	FILLES LIBRES	PROPORTION.
				1 pour		1 pour
297	Saint-Maixent. . . .	4500	14	321	8	562
298	Thouars.	2800	4	700		
299	Parthenay.	5000	4	1250	6	833
	Somme.					
300	Amiens.	64000	111	562	25	2560
301	Abbeville..	18000	24	750		
302	Saint-Valery. . . .	3700			6	616
303	Péronne.	4800	4	1200	8	600
304	Ham.	2700			10	270
305	Montdidier.	4300			5	850
306	Harbonnière. . . .	2500			3	833
307	Roy.	4000			40	400
	Tarn.					
308	Alby.	17000	26	653	6	2833
309	Castres.	22500	41	548	40	562
310	Lavaur.	7800			30	253
311	Mazamet.	13000			25	520
312	Graulhet.	6500			25	260
	Tarn-et-Garonne.					
313	Montauban.	26000	20	1300	15	1733
314	Moissac.	10000	7	1428	16	625
315	Castel-Sarrazin. . .	9200	8	1150	5	1840
316	Beaumont.	4450			2	2225
317	Valence.	3697			4	928
	Var.					
318	Draguignan.	10000	18	555	5	2000

Nᵒˢ D'ORDRE.	VILLES	POPULATION	FILLES INSCRITES.	PROPORTION.	FILLES LIBRES.	PROPORTION.
				1 pour		1 pour
319	Toulon.	69000	475	124	150	460
320	Hyères.	11500	11	1150	4	2872
	Vaucluse.					
321	Avignon.	38000	72	527	90	422
322	Apt.	6000	5	1200		
323	Carpentras.	10000	12	835		
324	Orange.	10000	8	1255		
	Vendée.					
325	La Roche-sur-Yon. .	9000	32	281	5	1800
326	Fontenay..	8500	5	1700		
	Vienne.					
327	Poitiers.	30000	55	545	30	1000
328	Châtellerault. . . .	15000	15	1000	17	882
	Haute-Vienne.					
329	Limoges..	55000	163	331	200	275
330	Saint-Léonard.. . .	6400			20	320
331	Magnac-Laval. . . .	4000	4	1000		
332	Bellac..	4000	4	1000	6	666
333	Saint-Yrieix. . . .	8200			50	410
	Vosges.					
334	Épinal..	12000	29	413	20	600
335	Rambervilliers. . .	5500	15	360	40	137
336	Mirecourt.	5900	3	1966	2	2950
337	Charmes.	3500	2	1750	12	291
338	Neufchâteau. . . .	3900	7	566	30	130
339	Remiremont. . . .	6500	12	541		

Nos D'ORDRE.	VILLES	POPULATION.	FILLES INSCRITES.	PROPORTION	FILLES LIBRES.	PROPORTION.
				1 pour		1 pour
340	Saint-Dié.	11000	33	333	26	423
341	Fraise..	2800			3	900
342	Bruyères.	2700			15	180
	Yonne.					
343	Auxerre.	15000	27	555	12	1250
344	Joigny..	6900	10	690	15	460
345	Sens.	12000	7	1714	18	666
346	Tonnerre..	5900	5	1180	10	590
347	Villeneuve-sur-Yonne	5100			5	1020

RAPPORT

ENTRE LES FILLES INSCRITES EN MAISONS

ET LES FILLES INSCRITES ISOLÉES OU FILLES EN CARTES.

Nºs D'ORDRE	DÉPARTEMENTS.	FILLES EN MAISONS	FILLES EN CARTES
	Aisne.		
1	Laon.	10	11
2	Saint-Quentin.	55	98
3	Vervins..	5	1
4	Soissons.	6	2
5	Château-Thierry.	»	4
6	Chauny..	5	12
	Allier.		
7	Moulins..	25	7
8	Montluçon..	8	1
	Alpes (Basses-).		
9	Digne.	5	2
	Alpes (Hautes-).		
10	Gap.	5	5
	Alpes-Maritimes.		
11	Nice.	52	30
12	Grane..	8	1
13	Cannes..	7	7
	Ardèche.		
14	Privas.	4	3
15	Annonay.	5	9
	Ardennes.		
16	Mézières.	18	1

Nᵒˢ D'ORDRE	DÉPARTEMENTS.	FILLES EN MAISONS	FILLES EN CARTES
17	Charleville..	»	2
18	Rethel.	»	11
19	Sedan.	15	14
	Ariège.		
	(Pas de filles en cartes isolées.)		
	Aube.		
20	Troyes.	48	52
	Aude.		
21	Carcassonne.	24	18
22	Chalabre.	»	10
23	Narbonne.	26	8
	Aveyron.		
24	Villefranche.	»	4
25	Milhau.	4	10
	Bouches-du-Rhône.		
26	Marseille.	448	216
27	Aix.	36	5
28	Arles..	26	7
	Calvados.		
29	Caen..	19	65
30	Lisieux.	12	23
31	Falaise.	6	8
32	Vire.	»	11
	Cantal.		
33	Aurillac..	8	2
	Charente.		
34	Angoulême.	41	45
35	Barbezieux.	3	2
36	Cognac..	12	8

Nᵒˢ D'ORDRE	DÉPARTEMENTS.	FILLES EN MAISONS.	FILLES EN CARTES.
	Charente-Inférieure.		
37	La Rochelle.	40	8
38	Rochefort.	72	32
39	Saintes.	10	3
	Cher.		
40	Bourges.	43	11
41	Saint-Amand.	4	6
	Corrèze.		
42	Tulle.	13	1
43	Brives.	15	6
	Corse.		
44	Ajaccio.	10	1
45	Bastia.	11	12
	Côte-d'Or.		
46	Dijon.	74	95
47	Beaune.	6	7
48	Auxonne.	16	2
	Côtes-du-Nord.		
49	Saint-Brieuc.	11	8
	Creuse.		
	(*Pas de filles inscrites isolées.*)		
	Dordogne.		
50	Périgueux.	32	17
51	Bergerac.	6	1
52	Sarlat.	4	4
	Doubs.		
53	Besançon.	92	82
54	Montbéliard.	8	4

Nº D'ORDRE	DÉPARTEMENTS.	FILLES EN MAISONS.	FILLES EN CARTES.
	Drôme.		
55	Valence.	65	5
56	Montélimar.	8	4
57	Romans.	25	9
	Eure.		
58	Evreux.	15	3
59	Bernay.	5	13
60	Brionne.	»	8
	Eure-et-Loir.		
61	Chartres.	17	8
	Finistère.		
62	Quimper.	10	3
63	Brest.	152	112
64	Morlaix.	6	12
	Gard.		
65	Nimes.	59	20
66	Alais.	26	6
	Garonne (Haute-).		
67	Toulouse.	156	160
	Gers.		
68	Auch..	20	8
69	Condom..	3	1
70	Mirande..	2	3
71	Masseube.	»	1
	Gironde.		
72	Bordeaux.	310	295
	Hérault.		
73	*(Pas de filles en carte à Montpellier.)*		

N^{os} D'ORDRE	DÉPARTEMENTS.	FILLES EN MAISONS	FILLES EN CARTES
74	Beziers.	95	8
75	Lodève.	11	6
	Ille-et-Vilaine.		
76	Rennes.	52	65
77	Dol.	10	6
	Indre.		
78	Châteauroux.	7	10
79	Issoudun.	11	9
	Indre-et-Loire.		
80	Tours.	70	55
	Isère.		
81	Grenoble.	18	110
82	Vienne.	30	16
	Jura.		
83	Lons-le-Saulnier.	8	8
84	Dôle.	7	7
85	Salins.	7	13
	Landes.		
86	Mont-de-Marsan.	7	9
87	Dax.	4	4
	Loir-et-Cher.		
88	Blois.	14	17
89	Vendôme.	10	5
	Loire.		
90	Saint-Étienne.	81	61
91	Roanne.	18	19
92	Montbrison.	3	2

N° D'ORDRE	DÉPARTEMENTS	FILLES EN MAISONS.	FILLES EN CARTE
	Haute-Loire.		
93	Le Puy.	11	21
	Loire-Inférieure.		
94	Nantes.	101	115
95	Saint-Nazaire..	36	43
	Loiret.		
96	Orléans..	62	44
97	Montargis..	6	2
98	Pithiviers..	»	6
	Lot.		
99	Cahors	14	6
100	Figeac.	»	7
	Lot-et-Garonne.		
101	Agen..	46	27
102	Villeneuve..	15	7
	Lozère.		
	(Pas de prostitution.)		
	Manche.		
103	Saint-Lô.	5	6
104	Cherbourg..	28	54
105	Torigny..	»	1
	Marne.		
106	Châlons..	33	9
107	Épernay.	18	9
108	Reims.	16	52
109	Vitry-le-François.	4	4
110	Mourmelon.	24	3

DESPRÉS. — Prostitution.   7

N^{os} D'ORDRE.	DÉPARTEMENTS.	FILLES EN MAISONS.	FILLES EN CARTES.
	Mayenne.		
111	Laval.	25	13
112	Mayenne.	5	3
113	Château-Gontier.	5	6
	Meurthe-et-Moselle.		
114	Nancy.	60	160
115	Lunéville.	15	17
116	Toul.	13	6
	Meuse.		
117	Bar-le-Duc.	9	8
118	Verdun.	39	22
	Morbihan.		
119	Vannes.	12	29
120	Lorient.	55	40
	Nièvre.		
121	Nevers.	38	21
	Nord.		
122	Lille.	105	90
123	Cambrai.	14	15
124	Douai.	33	17
125	Dunkerque.	106	10
126	Valenciennes.	59	6
127	Maubeuge.	12	4
	Oise.		
128	Beauvais.	18	12
129	Compiègne.	20	25
	Orne.		
130	Alençon.	15	11
131	Argentan.	5	2

Nᵒˢ D'ORDRE.	DÉPARTEMENTS.	FILLES EN MAISONS.	FILLES EN CARTES
	Pas-de-Calais.		
132	Arras.	23	9
133	Boulogne.	29	19
134	Béthune.	4	12
135	Saint-Omer.	24	12
136	Aire.	»	4
137	Calais.	23	14
	Puy-de-Dôme.		
138	Clermont.	66	60
	Pyrénées (Basses-).		
139	Perpignan.	24	24
140	Bayonne.	25	24
	Pyrénées (Hautes-).		
141	Tarbes.	30	23
142	Bagnères.	5	1
143	Cauterets.	»	10
	Belfort.		85
	Rhône.		
144	Lyon.	198	318
145	Villefranche.	23	11
	Saône (Haute-).		
146	Vesoul.	9	7
147	Gray.	19	5
148	Lure.	»	6
	Saône-et-Loire.		
	(Pas de filles en carte isolées à Mâcon.)		
149	Chalon-sur-Saône	12	5
	Sarthe.		
150	Le Mans.	65	75

Nos D'ORDRE	DÉPARTEMENTS.	FILLES EN MAISONS	FILLES EN CARTES
	Savoie. *(Pas de filles en carte isolées.)*		
	Savoie (Haute-).		
151	Annecy..	6	5
	Seine.		
152	Paris..	1343	2648
	Seine-Inférieure.		
153	Rouen.	161	52
154	Le Havre.	190	62
155	Dieppe.	9	14
156	Elbeuf.	12	10
	Seine-et-Marne. *(Pas de filles en carte isolées à Melun.)*		
157	Fontainebleau.	11	9
158	Meaux.	30	11
159	Montereau..	11	2
	Seine-et-Oise.		
160	Versailles.	118	32
	Sèvres (Deux-).		
161	Niort	11	10
162	Saint-Maixent..	9	5
	Somme.		
163	Amiens..	56	58
164	Abbeville.	21	3
	Tarn.		
165	Alby..	21	5
166	Castres.	26	15

Nᵒˢ D'ORDRE.	DÉPARTEMENTS.	FILLES EN MAISONS.	FILLES EN CARTES.
	Tarn-et-Garonne.		
167	Montauban.	16	4
168	Moissac..	4	3
169	Castel-Sarrazin.	5	3
	Var.		
	(Pas de filles en carte isolées à Draguignan.)		
170	Toulon.	246	29
	Vaucluse.		
171	Avignon.	45	27
172	Apt.	»	5
173	Carpentras..	3	9
174	Orange.	2	6
	Vendée.		
175	La Roche-sur-Yon..	13	19
	Vienne.		
176	Poitiers.	35	20
	Vienne (Haute-).		
177	Limoges.	74	89
178	Bellac.	3	1
	Vosges.		
179	Épinal.	17	12
180	Mirecourt.	»	3
181	Neufchâteau.	6	1
182	Remiremont.	8	4
183	Saint-Dié.	12	21
184	Charmes.	»	15
185	Fraize.	»	2
	Yonne.		
186	Auxerre..	19	8

TABLEAU N° 7

PROSTITUTION PAR VILLE

PROPORTION.

N°s D'ORDRE	FILLES INSCRITES	PROPORTION	N°s D'ORDRE	FILLES LIBRES	PROPORTION
		1 pour			1 pour
1	Belfort.	105	1	Caudebec.	23
2	Toulon.	124	2	Lyon.	64
3	Cauterets.	160	3	Foix.	67
4	Farges-en-Septaine. .	200	4	Troyes.	95
5	Verdun.	229	5	Bordeaux.	100
6	Nancy.	240	6	Hautmont.	100
7	Saint-Quentin . . .	244	7	Paris.	104
8	Agen.	246	8	Cauterets.	107
9	Brest.	250	9	Dinan	111
10	Rochefort.	250	10	Salins	111
11	Dijon.	254	11	Crémieu.	112
12	Mourmelon	255	12	Elbeuf.	117
13	La Roche-sur-Yon. .	281	13	Nîmes.	127
14	Besançon.	281	14	Neufchâteau. . . .	130
15	Valence.	285	15	Tonneins	136
16	Meaux.	287	16	Rambervilliers. . .	137
17	Gray.	287	17	Farges-en-Septaine.	140
18	Clermont-d'Auvergne	293	18	Montbéliard. . . .	144
19	Villeneuve-d'Agen .	295	19	Toulouse.	147
20	Vichy	295	20	Vichy	155
21	Perpignan.	301	21	Rethel	156
22	Tarbes.	301	22	Nérac	160
23	Angoulême	302	23	Brive.	166
24	Saint-Nazaire. . .	303	24	Mourmelon	170
25	Compiègne	311	25	Perpignan.	173
26	Saint-Maixent . . .	321	26	Bruyères.	173

Nos D'ORDRE	FILLES INSCRITES	PROPORTION	Nos D'ORDRE	FILLES LIBRES	PROPORTION
		1 pour			1 pour
27	Saumur.	325	27	L'Aigle.	175
28	Bordeaux.	330	28	Voiron.	183
29	Limoges	331	29	Saint-Paul (Pyr.-Or.).	185
30	Auxonne..	333	30	Lunéville.	188
31	Saint-Dié.	333	31	Maubeuge.	189
32	Le Mans	335	32	Longuyon.	190
33	Salins	340	33	Louviers	204
34	Le Havre.	345	34	Bourges. -	206
35	Grenoble	345	35	Béziers.	206
36	Villefranche (Lyon) .	352	36	Fécamp.	216
37	Decize	355	37	Saint-Jean-de-Luz.	233
38	Rambervilliers. . .	360	38	Mirande . '. . . .	225
39	Vannes.	365	39	Auray	240
40	Tours	365	40	Auxonne..	240
41	Lizieux.	371	41	Grenoble	240
42	Lorient.	378	42	Trouville.	250
43	Calais	379	43	Port-Louis	250
44	Troyes.	380	44	Lavaur.	255
45	Valenciennes.. . .	384	45	Bagnères-de-Luchon .	260
46	Romans	388	46	Graulhet	260
47	Nevers.	389	47	Sathonay.	260
48	Angers.	394	48	Toul.	261
49	Toulouse.	394	49	Bellême.	266
50	Versailles.	400	50	Ham.	270
51	Toul.	400	51	Limoges	275
52	Epinal.	413	52	Vire.	290
53	La Rochelle. . . .	416	53	Bourg	290
54	Rive-de-Gier. . . .	426	54	Montpellier . . .	290
55	Châlons-sur-Marne. .	428	55	Charmes	290
56	Château-Gontier. . .	432	56	Marmande.	293
57	Rennes.	444	57	Périgueux.	293
58	Périgueux	449	58	Stenay.	300

Nᵒˢ D'ORDRE	FILLES INSCRITES	PROPORTION	Nᵒˢ D'ORDRE	FILLES LIBRES	PROPORTION
		1 pour			1 pour
59	Vervins.	450	59	Rodez.	300
60	Orléans.	462	60	Calais	309
61	Epernay	462	61	Rochefort.	311
62	Cherbourg	463	62	Mont-de-Marsan . .	320
63	Dunkerque	465	63	Chaumont.	320
64	Marseille	467	64	Falaise.	320
65	Auch.	469	65	Besançon.	320
66	Laon.	476	66	St-Léonard (Hte-V.). .	320
67	Langres	477	67	Lisieux.	325
68	Limoux.	479	68	Orleans.	326
69	Douai	480	69	Dax.	333
70	Chalabre (Aude). . .	480	70	Roanne.	333
71	Rouen.	481	71	Barbezieux	333
72	Vire.	488	72	Cannes.	333
73	Caen.	489	73	Mortagne	333
74	Cognac.	490	74	Chauny.	344
75	Bernay.	500	75	Bayeux.	359
76	Vernon.	500	76	Mâcon	377
77	Brionne.	500	77	Aubusson.	377
78	Beauvais.	500	78	Avesnes	390
79	Vesoul.	500	79	Meaux.	393
80	Narbonne.	505	80	Moulins.	400
81	Saint-Germain. . .	511	81	Chalon-sur-Saône. .	400
82	Béthune.	518	82	Roye.	400
83	Sedan	519	83	Fontainebleau . .	400
84	Brive.	527	84	Tarbes.	400
85	Avignon	527	85	Cholet.	400
86	Roanne.	540	86	Niort.	402
87	Remiremont. . . .	541	87	Arlanc.	410
88	Sathonay.	546	88	Vitry-le-François . .	410
89	Poitiers.	546	89	Saint-Yrieix . . .	410
90	Castres.	548	90	Biarritz.	415

Nᵒˢ D'ORDRE	FILLES INSCRITES	PROPORTION	Nᵒˢ D'ORDRE	FILLES LIBRES	PROPORTION
		1 pour			1 pour
91	Nantes.	551	91	Béthune.	415
92	Auxerre.	555	92	Bayonne.	415
93	Draguignan.	555	93	Guéret.	416
94	Lunéville.	561	94	Avignon.	422
95	Amiens.	562	95	Saint-Dié.	423
96	Mont-de-Marsan.	562	96	Le Mans.	427
97	Arbois.	563	97	Narbonne.	428
98	Chauny.	563	98	Belfort.	430
99	Neufchâteau.	566	99	Dijon.	430
100	Bayonne.	571	100	Dol.	430
101	Carcassonne.	571	101	Langres.	430
102	Falaise.	571	102	Mayenne.	432
103	Bourges.	579	103	Le Havre.	435
104	Fontainebleau.	600	104	Vesoul.	444
105	Paris.	609	105	Vervins.	450
106	Nice.	609	106	Joigny.	460
107	Saint-Omer.	611	107	Toulon.	460
108	Alençon.	615	108	Felletin.	477
109	Saint-Gaudens.	616	109	Carcassonne.	480
110	Moulins.	624	110	St-Pierre-les-Calais.	483
111	Alais.	624	111	Saint-Amand.	494
112	Fougères.	625	112	Saumur.	500
113	Le Puy.	625	113	Juvigny.	500
114	Lyon.	627	114	Valenciennes.	500
115	Provins.	630	115	Arles.	500
116	Rambouillet.	632	116	Fougères.	500
117	Saint-Malo.	632	117	Compiègne.	500
118	Guise.	640	118	Beauvais.	500
119	Saint-Mihel.	644	119	Laon.	500
120	Blois.	645	120	Le Blanc.	500
121	Castelnaudary.	650	121	Chartres.	500
122	Avesnes.	650	122	Angoulême.	509

N° D'ORDRE	FILLES INSCRITES	PROPORTION	N° D'ORDRE	FILLES LIBRES	PROPORTION
		1 pour			1 pour
123	Alby.	653	123	Provins.	512
124	Pau.	658	124	Villefranche (Rhône).	520
125	Vienne.	665	125	Mazamet.	520
126	Lure.	666	126	Nancy.	530
127	Evreux.	666	127	Morlaix.	536
128	Vendôme. . . .	673	128	Flers.	538
129	Dinan	684	129	Pau	540
130	Pont-Saint-Esprit. .	685	130	Nevers.	550
131	Lons-le-Saulnier . .	686	131	Le Puy.	555
132	Joigny.	690	132	Montélimar. . .	560
133	Commercy. . . .	700	133	Saint-Maixent . .	562
134	Cahors.	700	134	Castres.	562
135	Issoudun	700	135	Lannemezan. . .	567
136	Thouars	700	136	Bonneville. . . .	578
137	Cette.	702	137	Saint-Nazaire . .	581
138	Aix	707	138	Tonnerre. . . .	590
139	Laval	710	139	Nantes.	595
140	La Fère	711	140	Péronne	600
141	Cannes.	714	141	Versailles. . . .	600
142	Saint-Martin-de-Ré .	733	142	Laval	600
143	Rethel.	737	143	Epinal.	600
144	Abbeville. . . .	750	144	Tréguier. . . .	600
145	Poligny.	750	145	Evreux.	600
146	Arles	750	146	Brionne.	600
147	Cambrai	755	147	Bernay.	600
148	Montpellier . . .	773	148	Auch.	605
149	Saint-Etienne. . .	781	149	Annonay	611
150	Nîmes.	783	150	Clermont (Auvergne).	616
151	Saint-Brieuc. . .	788	151	Tours	614
152	Bastia.	795	152	Saint-Valéry. . .	616
153	Barbezieux . . .	800	153	Saint-Servan. . .	620
154	Chartres	800	154	Moissac.	625

Nᵒˢ D'ORDRE	FILLES INSCRITES	PROPORTION	Nᵒˢ D'ORDRE	FILLES LIBRES	PROPORTION
		1 pour			1 pour
155	Argentan.	800	155	St-Jean-d'Angély . .	625
156	Lille.	810	156	Dreux	625
157	Saint-Lô.	818	157	Châlons (Marne). . .	642
158	Montbéliard. . . .	822	158	Joinville	650
159	Coulommiers. . . .	826	159	Villefranche (Rouergue). . .	653
160	Boulogne.	833	160	Noyon.	660
161	Morlaix.	833	161	Condé-sur-Noireau. .	660
162	Royan.	840	162	Honfleur	662
163	Givet	842	163	Bellac	663
164	Arras	843	164	Denain.	666
165	Beaune.	845	165	Valence.	666
166	Carpentras	855	166	Sens.	666
167	Dôle.	856	167	Ajaccio.	666
168	Pithiviers.	868	168	Rosendaël.	680
169	Dieppe.	869	169	Châteaudun	688
170	Saint-Hippolyte. . .	880	170	Arbois.	688
171	Saint-Amand. . . .	890	171	Gray.	690
172	Gap.	900	172	Montereau.	690
173	Sarlat	900	173	Château-Thierry . .	700
174	Lunel	912	174	La Roche (Savoie). .	710
175	Sezanne	920	175	Vannes.	714
176	Saintes.	923	176	Agen.	720
177	Tulle.	928	177	Marseille	727
178	Montélimar. . . .	933	178	Riom	733
179	Reims	941	179	Bagnères-de-Bigorre	733
180	Mézières	946	180	Ambert.	750
181	Marmande.	977	181	Thiaucourt	750
182	Niort.	1000	182	Romans	750
183	Montmédy. . . .	1000	183	Caudan (Morb.). . .	800
184	Chatellerault . . .	1000	184	Privas.	800
185	Bellac	1000	185	Anzin	800
186	Magnac-Laval . . .	1000	186	Montbrison	813

Nos D'ORDRE	FILLES INSCRITES	PROPORTION	Nos D'ORDRE	FILLES LIBRES	PROPORTION
		1 pour 1000			1 pour 823
187	Quimper	1000	187	Autun	823
188	Vitry-le-François. .	1025	188	La Fère.	830
189	Mâcon.	1058	189	Parthenay. . . .	833
190	Libourne.	1060	190	Harbonnières. . .	833
191	Jarnac.	1100	191	Pontivy.	840
192	Aurillac.	1100	192	St-Etienne. . . .	853
193	La Ciotat. . . .	1111	193	Montdidier . . .	850
194	Châteauroux. . .	1117	194	Tulle	866
195	Montargis. . . .	1122	195	Rouen.	866
196	Chaumont. . . .	1122	196	Villeneuve-d'Agen. .	874
197	Mirande.	1125	197	Châtellerault. . .	882
198	Figeac.	1128	198	Arras	900
199	Châteaudun. . .	1130	199	Aire.	900
200	Montbrison . . .	1140	200	Montceau-les-Mines..	900
201	Digne	1142	201	Fraize	900
202	Castelsarrazin . .	1150	202	Lunel	912
203	Hyères.	1150	203	Creusot.	915
204	Cosne	1166	204	Melun	916
205	Chalon-sur-Saône. .	1176	205	Valence (T.-et-Gar.).	928
206	Bar-le-Duc . . .	1176	206	Cahors.	933
207	Tonnerre. . . .	1180	207	Saint-Brieuc. . .	937
208	Châteauneuf (Ch.).	1200	208	Cherbourg. . . .	950
209	Péronne.	1200	209	Saint-Malo. . . .	950
210	Apt.	1200	210	Bar-le-Duc . . .	1000
211	Soissons	1200	211	Coulommiers. . .	1000
212	Bourg	1228	212	Le Cateau-Cambresis.	1000
213	Uzès.	1240	213	Poitiers.	1000
214	Saint-Jean-d'Angély .	1250	214	Saint-Dizier . . .	1000
215	Dreux	1250	215	Verdun.	1000
216	Dax.	1250	216	Lorient.	1000
217	Parthenay. . . .	1250	217	La Ciotat. . . .	1000
218	Orange.	1255	218	Villeneuve-sur-Yonne	1020

Nos D'ORDRE	FILLES INSCRITES	PROPORTION	Nos D'ORDRE	FILLES LIBRES	PROPORTION
		1 pour			1 pour
219	Cholet.	1272	219	Jarnac.	1040
220	Montauban. . . .	1300	220	Nice.	1040
221	Annonay	1317	221	Pithiviers. . . .	1040
222	Pamiers	1333	222	Rennes.	1040
223	Mayenne	1350	223	Angers.	1054
224	Riom.	1373	224	Dunkerque . . .	1080
225	Melun	1374	225	Château-Gontier .	1086
226	Maubeuge. . . .	1375	226	Aurillac.	1100
227	Montereau. . . .	1380	227	Brest.	1100
228	Rueil	1400	228	Torigny.	1100
229	Milhau.	1421	229	Montargis. . . .	1122
230	Moissac.	1428	230	Romorantin . . .	1214
231	Grasse.	1444	231	Lons-le-Saulnier .	1222
232	Tarascon	1444	232	Alais.	1250
233	Granville. . . .	1454	233	Auxerre	1250
234	Chambéry. . . .	1460	234	Reims	1260
235	Le Blanc. . . .	1500	235	Montluçon. . . .	1260
236	Mamers.	1500	236	Caen.	1281
237	Ajaccio.	1536	237	Vienne (Isère). .	1300
238	Annecy.	1544	238	Blois.	1333
239	Guéret.	1666	239	Boulogne. . . .	1333
240	Bagnères. . . .	1666	240	Chambéry. . . .	1359
241	Elbeuf.	1681	241	Cognac.	1400
242	Issoire.	1700	242	Sarlat	1400
243	Fontenay. . . .	1700	243	Saint-Julien. . .	1400
244	Sens.	1714	244	Nogent-le-Rotrou .	1420
245	Charmes	1750	245	Granville. . . .	1454
246	Salon	1750	246	Tournon	1450
247	Château-Thierry .	1750	247	Bastia	1500
248	Avranches. . . .	1750	248	Issoudun. . . .	1500
249	Autun	1764	249	Le Palais. . . .	1510
250	Bergerac	1857	250	Lille.	1580

Nᵒˢ D'ORDRE	FILLES INSCRITES	PROPORTION	Nᵒˢ D'ORDRE	FILLES LIBRES	PROPORTION
		1 pour			1 pour
251	Masseube.	1950	251	Alençon.	1600
252	Mirecourt.	1966	252	Tarascon	1600
253	Pont-à-Mousson. .	2000	253	Montauban. . . .	1733
254	Privas.	2000	254	Avranches. . . .	1750
255	Rodez.	2000	255	St-Germain (Seine)	1790
256	Pezenas.	2000	256	La Roche-sur-Yon.	1800
257	La Châtre. . . .	2000	257	Nontron.	1800
258	Nérac.	2000	258	Condom.	1800
259	La Cateau-Cambresis	2000	259	Castelsarrazin. . .	1840
260	Sablé.	2000	260	Saint-Omer. . . .	1850
261	Montluçon.	2100	261	Grasse	1883
262	Romorantin . . .	2125	262	Gap	1885
263	Torigny.	2200	263	Aix	1933
264	Aire	2250	264	Claye.	1950
265	Condom.	2260	265	Draguignan. . . .	2000
266	Decazeville. . . .	2400	266	Châteauroux. . .	2125
267	St-Pierre-les-Calais.	2431	267	Quimper.	2166
268	Villefranche (Rouergue). .	2450	268	Beaumont (T.-et-G.).	2225
269	Bayeux.	2500	269	Ainay (Allier). . .	2240
270	Louviers.	2520	270	Cambrai	2300
271	Agde.	2555	271	Guingamp. . . .	2333
272	Fécamp.	2600	272	Saintes.	2500
273	Thiers	3400	273	Lannion.	2500
274	Foix.	3500	274	Vendôme.	2525
275	Nogent-le-Rotrou .	3650	275	Amiens.	2560
276	Roubaix.	4750	276	Figeac	2633
277	Guingamp. . . .	5300	277	Douai.	2656
278	Charleville. . . .	7500	278	Digne.	2666
279	Anzin.	8000	279	Alby	2833
			280	Hyères..	2872
			281	Mirecourt. . . .	2950
			282	Thisy.	3000

N⁰ˢ D'ORDRE	FILLES INSCRITES	PROPORTION	N⁰ˢ D'ORDRE	FILLES LIBRES	PROPORTION
		1 pour	283 Antibes.		1 pour 3000
			284 Annecy.		3016
			285 Mézières.		3600
			286 Libourne		3400
			287 Saint-Quentin. . .		3500
			288 Beaune		3666
			289 Blaye.		4700
			290 Charleville.		5000

Tableau n° 8.

CHAPITRE VII

COMPARAISON ENTRE LES STATISTIQUES DÉMOGRAPHIQUES DE LA FRANCE ET LA STATISTIQUE DE LA PROSTITUTION.

CHIFFRES COMPARÉS PAR DÉPARTEMENT.
TABLEAU N° 8.

ARTICLE PREMIER

COMPARAISON ENTRE LA PROSTITUTION ET LES MARIAGES.

§ 1ᵉʳ. — *Rangs occupés par les départements où l'on se marie le plus : 1° dans la prostitution inscrite ; 2° dans la prostitution libre ; 3° dans les arrestations de filles.*

N°ˢ D'ORDRE.	DÉPARTEMENTS	N°ˢ d'ordre Filles inscrites.	N°ˢ d'ordre Filles libres	N°ˢ d'ordre Arrestations
1	Eure-et-Loir.	63	40	81
2	Eure.	55	34	62
3	Lot-et-Garonne.	27	22	48
4	Oise.	54	60	39
5	Loir-et-Cher.	76	78	45
6	Sarthe..	30	37	27
7	Indre.	58	77	65
8	Tarn-et-Garonne..	56	55	26
9	Aisne..	49	71	30
10	Allier (Vichy)	59	36	10
11	Loiret..	29	18	8
12	Nièvre.	52	73	59
13	Vienne.	48	67	67
14	Yonne..	61	61	66
15	Creuse.	86	69	pas de filles arrêtées
16	Seine-et-Marne.	40	31	36

Ainsi le département de l'Eure, qui a le 2ᵉ rang pour les mariages, est le 55ᵉ pour sa prostitution inscrite, le 34ᵉ pour sa prostitution libre, et le 62ᵉ pour ses arrestations de prostituées.

§ 2. — *Rangs occupés par les départements où il y a le plus de mariages de 20 à 25 ans, dans la prostitution inscrite, la prostitution libre et les arrestations.*

Nos D'ORDRE.	DÉPARTEMENTS	Nos d'ordre Filles inscrites	Nos d'ordre Filles libres	Nos d'ordre Arrestations
1	Oise.	54	60	39
2	Aisne.	19	71	30
3	Eure-et-Loir.	63	40	81
4	Seine-et-Marne.	40	31	36
5	Eure.	55	34	62
6	Lot-et-Garonne.	27	22	48
7	Tarn-et-Garonne.	56	55	26
8	Yonne.	61	61	66
9	Nièvre.	52	73	59
10	Sarthe.	30	37	27
11	Loir-et-Cher.	76	78	45
12	Allier.	59	36	10
13	Loiret.	29	18	8
14	Creuse.	86	69	pas de filles arrêtées

Ainsi la Nièvre, qui a le 9ᵉ rang pour ses mariages jeunes, a le 52ᵉ pour sa prostitution inscrite, le 73ᵉ pour sa prostitution libre, et le 59ᵉ pour ses arrestations.

§ 3. — *Rangs occupés par les départements où il y a le plus de mariages de 25 à 30 ans, dans la prostitution inscrite, libre et les arrestations.*

Nᵒˢ D'ORDRE.	DÉPARTEMENTS	Nᵒ d'ordre Filles inscrites	Nᵒˢ d'ordre Filles libres	Nᵒ d'ordre Filles arrêtées
1	Creuse.	86	69	pas de filles arrêtées
2	Eure-et-Loir.	63	40	81
3	Oise.	54	60	39
4	Nièvre.	52	73	59
5	Loir-et-Cher.	76	78	45
6	Sarthe.	30	37	27
7	Yonne.	61	61	66
8	Tarn-et-Garonne.	56	55	26
9	Vienne.	48	67	67
10	Aisne.	19	71	30
11	Allier.	59	36	10
12	Loiret.	29	18	8
13	Indre.	58	77	65
14	Lot-et-Garonne.	27	22	48
15	Seine-et-Marne.	40	31	36
16	Eure.	55	34	62

TABLEAU N° 9.

§ 1ᵉʳ. — *Rangs des départements où il y a le plus de viols,
dans la prostitution inscrite, libre et les arrestations.*

N° D'ORDRE.	DÉPARTEMENTS	N° d'ordre Filles inscrites	N° d'ordre Filles libres	d'après la statistique de Guerry. N° d'ordre Arrestations de filles
1	Vaucluse..	25	24	43
2	Pyrénées-Orientales.	18	11	6
3	Seine-et-Oise.	26	52	42
4	Gard.	37	6	51
5	Var.	4	12	7
6	Marne.	17	27	14
7	Basses-Alpes.	80	85	79
8	Seine.	1	7	4
9	Meuse.	31.	66	31
10	Sarthe.	30	37	27
11	Drôme.	24	47	46
12	Maine-et-Loire.	20	43	28

§ 2.—*Rangs des départements où il y a le moins de viols dans la prostitution inscrite, libre et les arrestations.*

Nᵒˢ D'ORDRE	/DÉPARTEMENTS	Nᵒ d'ordre Filles inscrites	Nᵒ d'ordre Filles libres	Nᵒ d'ordre Filles arrêtées
1	Ain.	77	48	19
2	Somme..	41	59	17
3	Allier..	59	36	10
4	Indre..	58	77	65
5	Nièvre.	52	73	59
6	Cher..	47	16	49
7	Landes.	75	58	53
8	Corrèze..	67	39	56
9	Cantal.	82	84	78
10	Hautes-Pyrénées.	36	29	5
11	Haute-Loire..	69	74	33
12	Basses-Pyrénées.	50	32	20
13	Creuse..	86	69	pas de filles arrêtées

TABLEAU N° 10.

Rangs des départements où il y a le moins de vols domestiques dans la prostitution inscrite, la prostitution libre et les arrestations.

N^{os} D'ORDRE.	DÉPARTEMENTS	N^{os} d'ordre Filles inscrites	N^{os} d'ordre Filles libres	N° d'ordre Filles arrêtées
1	Haute-Loire	69	74	33
2	Ain.	77	48	19
3	Isère	35	26	71
4	Hautes-Alpes	73	81	pas d'arrestations.
5	Hautes-Pyrénées.	36	29	5
6	Creuse.	86	69	pas d'arrestations.
7	Drôme.	24	47	46
8	Corse	65	65	40
9	Ariège.	85	20	75
10	Aveyron.	78	70	63 ·
11	Cantal.	82	84	78

Tous ces départements, sauf celui de la Drôme, ont un rang très peu élevé pour leur prostitution inscrite.

TABLEAU N° 11.

---

§ 1er. — *Rangs des départements où il y a le plus d'Israélites dans la prostitution inscrite, libre et les arrestations.*

N°s D'ORDRE.	DÉPARTEMENTS	N°s d'ordre Filles inscrites	N°s d'ordre Filles libres	N°s d'ordre Filles arrêtées
1	Belfort.	1	3	?
2	Meurthe-et-Moselle.	11	15	13
3	Seine.	2	6	4
4	Bouches-du-Rhône.	3	8	1
5	Vosges.	44	23	55

§ 2. — *Rangs des départements où il y a le plus de Protestants dans la prostitution inscrite, libre et les arrestations.*

Nᵒˢ D'ORDRE.	DÉPARTEMENTS	Nᵒˢ d'ordre Filles inscrites	Nᵒˢ d'ordre Filles libres	Nᵒˢ d'ordre Filles arrêtées
1	Gard	37	6	51
2	Lozère.	pas de filles inscrites	pas de filles libres	pas d'arrestations
3	Drôme.	24	47	46
4	Ardèche.	84	72	60
5	Doubs.	10	14	32
6	Deux-Sèvres	66	54	54
7	Tarn	53	25	73
8	Tarn-et-Garonne.	56	55	26
9	Calvados.	28	19	16

CHAPITRE VII

LA PROSTITUTION EN HOLLANDE [1].

La Hollande a une prostitution comme la France, et elle l'a réglementée, mais d'une manière un peu différente de la réglementation française.

Les villes ont un pouvoir descrétionnaire ; celles qui le veulent réglementent la prostitution. Les municipalités sont toutes-puissantes sur ce point.

Il en est résulté que dans les 4 grandes villes de la Hollande, 3 municipalités seulement ont réglementé leur prostitution : *Amsterdam* n'a pas de réglementation ; *Rotterdam, la Haye* et *Utrecht* ont une réglementation à peu près semblable à celle de notre pays.

Voici les chiffres de la prostitution dans ces quatre villes :

AMSTERDAM 289,980 h.

(Pas de réglementation.)

Maisons	Nombre de filles	Filles libres	Tot.
104	235	pas de connues	235

1. Renseignements fournis par un ancien conseiller communal de la ville d'Amsterdam et un commissaire en chef de la police de la Hollande. — Comparez sur le même sujet : *De la Prostitution en Hollande*, par MM. le Dr G. E. V. Schneevogt, le Dr A. C. Van Trigt, et M. Van Oordt, *in* Parent Duchatelet, *De la prostitution dans la ville de Paris*, 3e édition, *suivie d'un précis sur la prostitution dans les principales villes de l'Europe*. Paris, 1857, tome II.

ROTTERDAM 132,000 h.

(Réglementation complète; bonne surveillance.)

Maisons	Nombre de filles inscrites en maison	Nombre de filles avec livret. — Analogues à nos filles en cartes.	TOTAL
12	82	211	293

LA HAYE 100,000 h.

(Réglementation.)

Maisons	Filles en maison et en livret	Filles libres	
20	102	très grand nombre	?

UTRECHT 62,000 h.

(Réglementation.)

Maisons	Filles en maison et en livret	pas de renseignements sur les filles libres
7	51	

PROPORTION

	Filles en maison 1 pour	Filles en carte 1 pour	
Amsterdam.	1191 h.	»	
Rotterdam.	1634 h.	621 h.	
La Haye.	1000 h.	?	beaucoup de filles libres
Utrecht.	1215 h.	?	

On remarquera que *la Haye*, la ville la plus riche en prostitution inscrite et libre, est, par rapport aux villes de France, sur le même pied que *Niort, Montmédy* ou *Châtellerault*, c'est-à-dire au 185e rang dans notre prostitution.

On peut voir de suite qu'à *Amsterdam*, où la prostitution n'est pas réglementée, la prostitution libre ne fleurit point comme à *la Haye*, preuve nouvelle que la prostitution réglementée appelle la prostitution libre.

A *Rotterdam*, où la prostitution est aussi bien réglementée que possible, on voit que les filles en livret, c'est-à-dire isolées, sont presque trois fois plus nombreuses que les filles en maison. Ces filles, à part les visites obligatoires, représentent nos filles libres soigneuses de leur personne.

Pour les trois grandes villes de la Hollande, nous avons pu obtenir des renseignements sanitaires, et il résulte des documents que nous avons reçus :

Qu'à *Amsterdam,* où la prostitution n'est pas réglementée, toutes proportions gardées, il n'y a pas plus de femmes malades qu'à *Rotterdam,* où la prostitution est très sévèrement réglementée. Loin de là, il y a moins de malades là où la prostitution n'est pas réglementée.

FILLES MALADES

Amsterdam.	235 filles	105 malades.
Rotterdam.	292 filles	233 malades.
La Haye.	102 filles	108 malades.

A *la Haye,* il y a beaucoup de filles libres, et le chiffre de 108 comprend les filles libres malades avec les filles inscrites.

Il n'y a pas en Hollande d'hôpitaux spéciaux pour les vénériens, ceux-ci vont dans les hôpitaux ordinaires.

CHAPITRE IX.

CONCLUSION.

Plus il y a de prostitution réglementée dans un pays, plus la prostitution de toute nature se développe. Et là où il y a une prostitution réglementée, les *mariages sont plus tardifs*, et l'accroissement de la population descend le plus souvent au minimum. C'est là le côté le plus grave de la question.

La formule de l'augmentation de la population en France est aujourd'hui,

$$P \times 1, 9.$$

Aucun peuple n'a un chiffre aussi faible, et lorsque l'on compare la Hollande à la France, on voit que la formule pour l'accroissement de la population en Hollande est,

$$P \times 8, 2.$$

Le peuple hollandais est cependant un des moins favorisés.

Si nous comparons la prostitution inscrite de ces deux pays, on voit que les villes de Hollande les plus importantes, celles où il y a le plus de prostitution inscrite, en ont 8 fois moins que *Toulon, Cauterets* ou *Belfort*, 3 fois moins que *Tours, Bordeaux, Salins* et *Saint-Nazaire*.

Quoi de plus accusé ? la Hollande perd moins vite que nous la force de reproduction, en même temps qu'elle a une prostitution inscrite de beaucoup inférieure à la nôtre.

On rendra toujours plus ou moins l'État responsable des réglementations de sa police. On dira, comme on le dit à nous en Angleterre et en Suisse, que la réglementation de la prostitution française est une organisation de la prostitution, que l'inscription des filles leur constitue une profession reconnue par l'État. Cela en apparence est vrai, et j'ai entendu dire que l'État en acceptait la responsabilité. Le but de sauvegarder la santé publique lui paraissait une excuse.

Qu'il me soit permis en terminant d'adresser une question à tous ceux qui, de près ou de loin, ont une action sur les législateurs.

Aimez-vous mieux sauvegarder la santé de quelques soldats et marins, assurer tous les déclassés et les débauchés contre des maux guérissables après tout et conduire votre pays à une dépopulation imminente ?

Ou préférez-vous encourager les mariages et le renouvellement de votre nation, en abandonnant à chacun le soin de se mettre en garde par le mariage contre les maladies contagieuses ?

Choississons, il est temps. Rendons, comme cela doit être, chacun responsable des maux qu'il cause, mais ne sacrifions pas pour un but immédiat, souvent illusoire, l'avenir de la France.

II

PROSTITUTION ET POPULATION

INFLUENCE DE LA PROSTITUTION SUR LA DÉPOPULATION EN FRANCE [1].

Il y a deux ans, une femme, une mère de famille, une Anglaise, est venue à Paris. Elle était accompagnée de personnages politiques de l'Angleterre qui ont joué un rôle dans les assemblées délibérantes de ce pays. Des personnages non moins importants de la Suisse l'avaient accompagnée. Ils venaient tous dans le but de faire de l'agitation autour d'une question que le législateur, le philosophe et le savant n'ont jamais abordée sans la plus entière circonspection, dans le but de lutter contre l'organisation et la réglementation de la prostitution dans les pays où elle est réglementée. Habitués aux pratiques de la liberté, aux meetings de l'Angleterre, ces Anglais se sont rendus à Paris, dans une réunion publique provoquée par la portion la plus turbulente et la moins éclairée des républicains qui voulaient faire de la prostitution une question politique. Il n'en fallut pas davantage pour que la question fût enterrée. Les grands journaux républicains refusèrent de s'en occuper, les jour-

1. Conférence faite le 26 août 1878, au palais du Trocadéro, à l'occasion de l'Exposition Universelle, sous le patronage du Ministère de l'Agriculture et du Commerce.

naux de plaisir firent du voyage de Mme Buttler et MM. Stansfield et Humbert un objet de dérision : et tout fut dit.

Cependant, pendant leur passage, les Anglais et les Suisses avaient été accueillis dans la haute société protestante de Paris, et une réunion de pasteurs, chez Mme André Walther, voulut bien étudier les moyens de remédier à l'extension de la prostitution. C'était merveille de voir le plus honnête des salons s'occuper chastement des moyens de remédier aux impuretés et aux souillures des grandes villes. La charité et la foi furent les moyens qui se présentèrent d'abord à l'esprit des protestants. Quelques médecins, quelques hommes voués à l'étude et à la pratique de la science, qui se trouvaient dans ce milieu, bien qu'ils ne fussent pas de la même religion, ne tardèrent pas à remarquer que les moyens proposés ne différaient pas de ceux employés, sans succès, depuis la plus haute antiquité pour combattre la prostitution, c'est-à-dire la religion, la foi et la charité.

Frappé de l'obstination des Anglais, nous avons pensé que, derrière cette guerre acharnée qu'ils faisaient à l'importation en Angleterre du règlement de la prostitution en vigueur chez nous, il y avait peut-être le sentiment d'un péril caché, dont quelques esprits d'élite entrevoyaient seuls les dangers pour la nation anglaise. Alors il nous a paru qu'il serait utile d'étudier la prostitution et de la combattre par d'autres moyens que ceux employés jusqu'ici. Tous les hommes qui ont fait de la science savent que les grandes calamités sociales n'ont jamais été combattues autrement que par la diffusion de l'instruction, qui vulgarisait les enseignements de la science. Il y a donc quelque intérêt à approfondir scientifiquement la question de la prostitution, et à voir comment la prostitution peut être une cause de déchéance pour les pays où elle fleurit le plus ; de là, l'idée de cette Conférence.

Je ne me dissimule pas que cette Conférence eût été mieux faite par des hommes qui ont étudié et édifié une nouvelle science, la *démographie*, que MM. Léonce de Lavergne, Bertillon, Broca, Legoyt et Lunier auraient fait cette conférence avec plus d'autorité que moi-même ; je ne me dissimule pas que je ne suis pas ici à ma place : le rôle d'un chirurgien et celui d'un conférencier n'ont rien de commun. Mais telle est la puissance de la vérité, telle est la force d'attraction qu'exercent sur les hommes les choses du progrès, que ceux qui sont le moins aptes à discourir prennent néanmoins la parole pour exposer les résultats d'une science aux œuvres de laquelle ils n'ont pris qu'une minime part. Je dois ajouter aussi que, touché de la stérilité des efforts des protestants et du manque de concours qu'ils ont obtenu, je leur avais promis de produire publiquement des arguments scientifiques qui militent contre la prostitution et qui peuvent doubler les efforts faits contre elle, et je viens ici tenir ma parole.

Mon sujet a pour titre : « *Des causes de la dépopulation* ».

Depuis qu'on connaît l'histoire à fond, on sait que la dépopulation d'une nation est arrivée parce qu'il n'y avait plus un assez grand nombre de citoyens de cette nation et que leur race s'éteignait.

Nous connaissons les causes de dépopulation qui ont entraîné la ruine des peuples de l'antiquité.

D'abord le moyen le plus sûr de dépeupler un État, c'était la *guerre*, la guerre avec la dépopulation violente qui en est la conséquence, c'est-à-dire le massacre de la population vaincue par le vainqueur. L'histoire est pleine de ces souvenirs. Il me suffirait de vous rappeler cette légende biblique où, sous les Juges, le grand prêtre a fait massacrer vingt mille « Mohabites » vaincus; et, pour ajouter à la victoire, on exécuta ensuite vingt-cinq mille vieillards, femmes et enfants. Voilà quels étaient pour les premiers peuples les moyens, les procédés cruels de désarmer et de dépeupler les pays conquis : on mettait à mort tous les vaincus, depuis le soldat blessé jusqu'au dernier de ses enfants. Les Assyriens, qui procédaient de la sorte, ont subi le sort qu'ils avaient imposé aux autres nations : ce peuple a disparu à son tour, la guerre ayant anéanti peu à peu ce qui en restait.

De notre temps, ce genre de dépopulation n'existe plus.

Au moyen âge, il y en avait bien un autre, mais d'un effet moins sûr : c'était celui qui résultait des *grandes épidémies* et des *grandes disettes*.

Aujourd'hui, la science, en Europe, a prévu les causes d'épidémies et de disettes, ce qui fait que la dépopulation ne peut plus se produire ainsi.

Reste enfin une dernière variété de cause de dépopulation qui a été observée et qui se remarque encore de nos jours : c'est l'*émigration*. Un peuple qui envoie à l'étranger toute une partie virile de la nation est exposé à perdre peu à peu sa population normale et à voir diminuer l'excédant des naissances sur les décès, à l'inverse de ce qui se passe chez les peuples qui n'émigrent point et qui se développent naturellement.

Aucune de ces causes n'existe actuellement autour de nous.

Il y a bien cependant encore, dans quelques coins du monde, des peuples qui procèdent à la destruction des autres peuples qui les gênent, par l'anéantissement de leurs habitants. Ainsi en Amérique, dans les États du Farwest, lorsqu'il y a une petite révolte des Peaux-Rouges, la population blanche se réunit et va, dans le pays des Peaux-Rouges vaincus, détruire le « nid », c'est-à-dire les femmes et les enfants. C'est ce qui s'est fait, vous l'avez vu, dans l'antiquité, où l'on pouvait dépeupler ainsi un État par la violence. Mais les mœurs se sont adoucies. Les Américains ont fini par renoncer à ces procédés qui ne sont plus de notre temps. Ils ont employé une autre méthode de dépopulation moins barbare, *l'ivrognerie*. Les sauvages, sitôt qu'ils y ont goûté, s'adonnent au wisky avec passion, et ne tardent pas à en ressentir les effets funestes; au bout de peu de temps, ils deviennent malades et périssent. Les Américains ont envoyé l'eau-de-vie, qui a fait ses ravages habituels aussi sûrement que la poudre et les balles, et la population a disparu. Il n'y a même plus dans ce pays d'autres moyens de dépopulation.

En Europe, il y a des États qui se dépeuplent ; mais on ne peut invoquer, pour aucun d'eux, une des raisons que je viens de vous exposer. L'Allemagne et la Belgique qui émigrent ne se dépeuplent point. Les causes actuelles de la dépopulation, là où elle existe, sont beaucoup moins appréciables. Ces causes sont peut-être moins actives immédiatement, mais elles procèdent à la fois plus lentement et plus sûrement.

De tous les pays de l'Europe, celui qui menace de se dépeupler le plus rapidement, c'est sans contredit la France, et je suis tout à fait à mon aise pour traiter mon sujet ; car, si j'ai à dire quelque chose de défavorable pour un peuple, ce ne sera pas pour un de ceux qui de toutes les parties du monde ont envoyé ici leurs enfants à notre magnifique Exposition. Je pourrai donc parler en toute liberté, puisqu'il ne s'agit que de notre pays, et que les Français sont disposés

aujourd'hui à écouter la vérité et savent quelquefois
gré à ceux qui essayent de la faire connaître.

Donc, le pays qui se dépeuple le plus, celui qui
est menacé d'une ruine prochaine, c'est la France.

J'arrive aux chiffres bruts. Il y a, pour mesurer
l'augmentation de la population ou sa diminution,
un criterium infaillible : c'est la comparaison entre
le chiffre des naissances et celui des décès. Les statistiques établies dans notre pays depuis le commencement de ce siècle, régulièrement tous les cinq ans,
ont permis de constater ce fait capital que, de 1815 à
1820, les excédants des naissances sur les décès
étaient de 5 0i0. Ce chiffre était extrêmement minime,
à l'époque où on l'a constaté : il devait être considéré
comme très alarmant. Mais alors on n'avait la statistique que d'un ou deux peuples de l'Europe, et l'on
ne pouvait pas méditer les différences qu'il y avait
entre la France et les autres pays. Plus tard, les statistiques comparées ont permis d'établir qu'en France
l'excédant des naissances sur les décès allait toujours
en diminuant. En 1872, à l'avant-dernier recense-
ment quinquennal, il a été reconnu que l'augmentation de la population, l'excédant des naissances sur
les décès, n'était plus que de 3 p. 0i0, c'est-à-dire
2 p. 0i0 de moins qu'en 1815-1820. Il est bon de
bien retenir ces chiffres, car j'en aurai besoin lorsque
je parlerai des causes réelles de la dépopulation. Dans
notre pays, en 1877, la dépopulation était encore plus

évidente; l'excédant des naissances sur les décès n'était plus que de 1 3/4 p. 0/0. Mettons 2 p. 0/0, si vous voulez; de telle sorte que, dans un espace de cinq années, cet excédant a perdu 1 p. 0/0.

La dépopulation est donc évidente, très accusée, incontestable; il n'y a plus qu'à en rechercher les causes éloignées, c'est-à-dire les causes réelles.

Eh bien! Messieurs, les causes de la dépopulation, si on consulte les lois de l'hygiène, les causes immédiates sont : d'une part, *l'absence de mariages* et les *mariages stériles;* d'autre part, une *mortalité* excessive chez les nouveau-nés ou chez les enfants en bas âge.

Examinons chacune de ces causes.

Notre pays, qui se trouve être justement celui qui se dépeuple le plus, est en même temps celui où les mariages sont les plus nombreux et celui où l'on se marie le plus mal. Je m'explique. Le mariage, pour être hygiénique, doit s'être effectué à un âge déterminé. L'homme atteint son développement complet à une certaine époque, la femme à une autre un peu moins avancée. C'est-à-dire que l'homme atteint son développement complet à 25 ans, et la femme à 20 ans. C'est à cet âge que le mariage peut être considéré comme le meilleur de tous les mariages; c'est celui qui est le plus fécond, et toutes les fois que nous trouvons quelque chose qui s'écarte de cette loi naturelle, nous sommes obligés d'accuser cette déviation d'être la cause des mariages stériles et de la dépopulation.

La France est le pays où l'on se marie le plus tard, comparativement aux autres pays. Voici des chiffres : sur un million de mariages en France, il y en a 160,000 qui ont lieu entre un homme de 25 à 28 ans et une femme de 20 ans, c'est-à-dire à l'époque où le mariage est, si je puis ainsi dire, normal, c'est-à-dire fécond. Si maintenant on compare les autres peuples à la France, et en prenant les peuples qui n'ont point une diminution de leur population, on constate, par exemple, qu'en Angleterre, sur un million de mariages, il y en a 380,000 qui sont contractés à l'âge du mariage normal, c'est-à-dire entre un homme de 25 à 28 ans et une femme de 20 ans.

Toutes les fois qu'on s'éloigne des lois de la nature, on en subit immédiatement des effets redoutables. Tous les mariages qui sont effectués après cette période normale sont exposés à des désastres ; du côté de la femme, de l'homme ou des enfants, il y a des calamités à craindre.

Il est absolument démontré que les mariages entre un homme âgé et une femme déjà âgée sont des mariages qui donnent naissance à une plus grande quantité de filles que de garçons et à des progénitures généralement chétives.

Il est aussi démontré que les femmes mariées à 30, 31, 32 ans, sont celles qui sont le plus exposées aux accidents de l'accouchement. Mais si l'on a établi que les accidents aux premières couches sont plus fréquents chez les femmes de 30 ans que chez celles de 22 ans, on a remarqué le même fait pour les femmes mariées avant l'âge de 18 ans; car le mariage avant l'âge du développement (et ceci est une confirmation de la théorie du mariage normal) peut être aussi funeste et aussi stérile que le mariage tardif.

Je n'ai pas besoin de rappeler ici ce deuil national d'un pays voisin du nôtre. Une jeune fille élevée dans les salons se marie très jeune (si elle eût été une paysanne, le mariage aurait peut-être mieux réussi). Elle s'est mariée, puis a eu la fièvre typhoïde. A cet âge, chez une jeune fille, la maladie n'est pas mortelle, le plus souvent du moins; mais lorsqu'il s'agit d'une jeune femme nouvellement mariée, lorsque les organes subissent la transformation qu'apporte le mariage, il arrive un événement comme celui que vous avez tous déploré. Que ceci serve de leçon aux mères de famille ! Nous ne devons jamais marier nos filles avant qu'il soit établi que leur développement est complet.

Le mariage tardif, dans notre pays, présente des particularités sur lesquelles je crois devoir insister. Le mariage est tellement tardif dans notre pays, que nos jeunes hommes de 25 à 35 ans épousent plus de veuves et de femmes plus âgées que dans tous les autres pays. Dans ce cas, c'est un mariage tardif d'un homme jeune avec une femme plus âgée que lui. D'autres mariages sont ceux contractés entre un homme de 38 ans et une femme de 20 ans, mais ceux-ci ne sont pas dans une proportion très considérable.

Il y a en France (et j'ai fait une statistique rigoureuse qui me permet d'avancer ce que je dis), il y a un bon nombre de mariages qui ne sont autre chose que des concubinages consolidés. J'ai fait prendre la statistique d'un arrondissement de Paris que j'appellerai un arrondissement moyen, car il y a des arrondissements de Paris où 9 mariages sur 10 sont des unions irrégulières consolidées. Dans d'autres, c'est le contraire : il y a 7 mariages réguliers pour 3 irréguliers ; j'ai donc pris un arrondissement moyen, et de la sorte je suis très près de la vérité.

Eh bien ! sur 980 mariages annuels dans un arrondissement moyen de Paris, il y a 58 concubinages consolidés, avec reconnaissance d'enfant, c'est-à-dire un mariage d'un homme vivant avec une femme et ayant d'elle un enfant. Il y en a 29 d'hommes et de femmes ne vivant pas ensemble, mais ayant eu ensemble un enfant. Puis il y a 230 mariages de concubins vivant ensemble depuis longtemps et qui n'ont point d'enfants à légitimer. Ces mariages sont les plus fâcheux, car ce sont des mariages toujours stériles. Je ne voudrais pas entrer dans des détails intimes, et cependant je suis obligé de dire que, dans ces mariages, où l'homme et la femme ont à peu près le même âge, la femme, avant de vivre avec celui qu'elle épouse, a été un peu la maitresse de tout le monde. A 32 ou 34 ans, la femme se fixe près de l'homme qui vit avec elle, et la situation est régula-risée avec le temps.

Tous ces derniers mariages sont stériles, et nous avons vu souvent de tels époux venir nous demander comment ils pourraient bien faire pour avoir un enfant. A l'âge de 35 ans, par exemple, on vient nous dire : « Mais comment donc pourrions-nous ob-tenir un enfant ? » Et nous ne répondons rien, car nous ne sommes pas de ceux qui croient à ces man-œuvres qui sont en faveur dans les pays où M. Bar-num fait l'exercice de sa profession extraordinaire. Ces mariages restent stériles ; or, comme ils entrent dans la proportion des mariages pour un tiers, vous voyez que, sur le nombre des mariages contractés en France, il y en a un tiers absolument stérile.

On dira qu'il s'agit ici des villes, c'est vrai ; mais examinons ce qui se passe dans les campagnes. On a fait des statistiques dans des chefs-lieux d'arrondis-sement, dans des cantons, dans de petites communes, et il est commun ou même très ordinaire d'y voir des hommes de 23 à 25 ans épouser des veuves de 40 à 50 ans ; de sorte que, dans ces conditions, la femme remariée ne peut plus avoir d'enfants. D'autres fois le mariage est autre ; c'est un homme de 55 ans qui épouse une femme de 23 ans, et dans ce cas non plus ils ne peuvent plus avoir d'ordinaire une nombreuse lignée.

En province, il y a 10 ou 15 p. 0|0 de mariages entre époux ne pouvant pas avoir d'enfants. Cette proportion existe en Normandie, dans les pays situés au sud-est de la France, dans le Dauphiné, dans l'Hérault, dans le comtat Venaissin, etc. Un jour viendra où une statistique sera plus rigoureusement établie au point de vue où je traite la question, par rapport à l'âge, et alors la preuve sera claire pour tout le monde.

Donc en France nous nous marions tardivement, et, pour cette cause, il y a un certain nombre de ces mariages qui restent fatalement inféconds, malgré les vœux des époux.

Je m'arrête un moment pour traiter une question que je considère un peu comme en dehors de mon sujet. La plupart des économistes sont d'accord pour dire que la population d'un pays cesse d'augmenter lorsque le père et la mère limitent le nombre de leurs enfants. Il est certain qu'un bon nombre d'époux limitent le nombre de leurs enfants. Cela existe en Normandie, dans les pays du sud-est de la France, et on pourrait établir les lieux où se passent ces choses, en voyant les pays où il y a excédant des décès sur les naissances. On peut dire que là toutes les causes de dépopulation se trouvent réunies, et particulièrement la limitation du nombre des enfants.

Depuis que la loi de Malthus a été connue, dans tous les pays les époux ont cherché à limiter le nombre de leurs enfants, et le fait s'est passé dans la noblesse comme chez le paysan français, et cependant tous les pays ne se dépeuplent pas comme la France. C'est que les mariages stériles ou les mariages à un seul enfant ne sont pas tous (il ne faut pas le croire) du fait de la limitation du nombre des enfants.

Il y a des ménages où les époux ont été associés par suite de convenances sociales ou d'un amour partagé que rien n'a pu arrêter. Ces mariages sont déraisonnables au point de vue de l'hygiène, ce sont des mariages entre un homme sain et une femme malade, une femme menacée de phthisie, par exemple, ou réciproquement. Ces unions sont forcément stériles ou le deviendront à la suite du premier accouchement. Que de fois nous avons vu de pauvres femmes, désirant plusieurs enfants, ayant une fortune considérable à distribuer, n'en avoir qu'un seul, à leur grand désespoir. On aurait donc tort de penser que la limitation du nombre des enfants est seule la cause de la dépopulation. Les mariages tardifs, et parmi ceux-ci ceux qui sont par la force des choses inféconds, sont une cause bien plus puissante.

A côté de cette cause de dépopulation, il y en a une autre : c'est la mortalité des enfants, et je ne dis pas seulement la mortalité des enfants en bas âge, mais encore la mortalité des enfants de 2, 4, 5, 6 ans.

La mortalité des nouveau-nés a été étudiée par

Broca [1]. Broca a jeté, dans une longue discussion de l'Académie de médecine, un cri d'alarme qui a été entendu. Alors les économistes se sont préoccupés de cette situation et ont cherché à diminuer la mortalité des enfants. Jusqu'ici on a fait peu de choses, car bien qu'on commence déjà à mieux connaître la question, je crois qu'on n'a pas dit sur elle tout ce qu'on devait dire.

Broca et ceux qui se sont occupés de la question pensent que cette mortalité excessive, énorme, des nouveau-nés ou plutôt des enfants, de zéro année à un an (elle atteint environ le quart des enfants; on compte 230 décès sur 1,000 enfants), Broca, dis-je, les économistes et l'assistance publique, pensent que cette mortalité est due à l'insuffisance de l'allaitement, au défaut d'alimentation. Si le défaut d'alimentation est la cause du décès prématuré de certains enfants qui ne sont pas allaités suffisamment, tous ne meurent pas comme cela. Combien y a-t-il d'enfants de bourgeois, de gens riches, qui succombent dans la première année de leur existence! Combien y a-t-il de paysans dont les enfants ont non seulement le lait d'une mère, mais celui d'une vache, de plusieurs chèvres, et qui meurent pendant la première année! A quoi cela tient-il? Cela tient à ce que les enfants héritent de la

1. Broca, *Mortalité des enfants* (*Bull. de l'Académie de médecine*, 1867, t. XXXII, p. 351). — *Sur la prétendue dégénérescence de la population française* (*Bull. de l'Académie de médecine*, 1867, t. XXXII, p. 547.)

santé de leur père et portent la peine des maladies que ceux-ci ont eues avant le mariage.

Certes, il y a des pères qui ne sont pas responsables. Ceux qui tiennent de leurs parents une maladie organique ne peuvent pas s'empêcher de la transmettre à leurs enfants. Mais ceux qui sont nés de père et mère sains et jouissant de la plus belle santé, ceux-là, si leur femme est saine, ne peuvent pas accuser leurs parents lorsque leur enfant meurt. Il faut bien qu'ils s'accusent eux-mêmes de quelque chose, si la maladie et la mort viennent frapper leurs descendants.

Lorsqu'un homme se marie à 35 ans, il est rare qu'il soit resté chaste. Il n'y a que les prêtres qui restent chastes. Pas tous peut-être, mais la très grande majorité ! Un homme donc ne reste pas chaste de 20 à 35 ans. Que fait-il ? Il va chercher des distractions. Il est dans l'âge de la force, dans la plénitude de ses appétits et de ses moyens ; il court les amours adultères, il recherche les jeunes filles sans protection qui veulent faire un roman ; puis enfin il a recours aux amours de la rue, aux amours sans responsabilité et sans conséquences. Il s'ensuit que lorsqu'il se marie il a fait une consommation énorme de ses forces de paternité, il est un mauvais père, je n'ose pas dire un mauvais reproducteur.

Un de nos collègues a fait un mémoire des plus intéressants qui me permet de traiter ce sujet avec une grande autorité. On a dit que les hommes fatigués, épuisés, qui ne peuvent plus faire d'enfants, devaient prendre des aliments spéciaux, des médicaments extraordinaires. Liégeois a démontré que c'était un traitement illusoire, et que le seul moyen de leur rendre les forces nécessaires pour la paternité, c'était la continence. Il a démontré, de plus, que les hommes dont les fonctions sont inactives, qui n'ont plus aucuns signes visibles, appréciables au microscope, de paternité possible, — je me sers ici de périphrases, parce que je parle devant des dames et ne puis employer le mot scientifique, — il a démontré que les hommes chez qui cet épuisement était constaté, guérissaient par une abstinence de six mois ou d'un an. Ceci, Messieurs, sert à prouver que les conséquences des mariages tardifs et des plaisirs que l'on a pris dans la force de l'âge sont en partie la cause de la stérilité des mariages, de la mortalité ou du peu de viabilité des enfants nouveau-nés pendant la première année de leur existence.

Il est encore une autre cause qui affecte le plus ceux qui ont vu les résultats qu'elle produit. Il meurt autant d'enfants de 4 à 5 ans que d'hommes âgés de 55 à 60 ans. C'est une proportion énorme ! Ces enfants meurent dans leur force de croissance, autant les hommes arrivés à la vieillesse. Ils meurent tous, vous le lisez dans les comptes-rendus de la mortalité, de quoi ? du croup, de la méningite tuberculeuse, d'affections des os, de coxalgie, de mal de Pott. Nous les

ayons vus bien souvent succomber : ils sont là dans
leur lit avec leur dernier jouet tombé de leur petite
main crispée. Le père et la mère nous demandent une
parole d'espoir que nous ne pouvons leur donner. Le
grand-père et la grand'mère, qui, sous leurs cheveux
blancs, ont encore les apparences de la force, s'éton-
nent de voir que leur petit-fils ne s'élève pas comme
s'est élevé leur fils. Tous nous interrogent, mais nous
ne pouvons leur répondre, car nous serions forcés de
leur dire ce que l'enfant devrait murmurer à son
père avant de mourir : « Mon père, laissez donc cet
homme qui ne peut rien pour moi; c'était à vous
de me donner la santé quand vous m'avez donné
la vie ! »

Si les hommes savaient que le commerce des femmes est l'origine principale de la mortalité des enfants
qu'ils ont plus tard, ils y regarderaient à deux fois
avant de perdre leur jeunesse dans les plaisirs dont les
conséquences sont si funestes à ceux qu'ils doivent le
plus aimer.

Pardonnez-moi si je rappelle ici des souvenirs dou-
loureux. Peut-être quelqu'un d'entre vous a-t-il
perdu un enfant, et j'estime que ce n'est pas pour une
des causes que je viens d'indiquer, mais il faut que je
m'adresse aux jeunes gens qui se sentent l'appétit pour
tous les plaisirs et le satisfont. Ce n'est pas de leur
fortune, ce n'est pas de leur considération qu'ils
payent les amours auxquelles ils se livrent de 20 à

35 ans; ils les payent du plus inestimable de tous les prix, la moitié de la vie de leurs enfants!

Lorsqu'on sera bien persuadé que les mariages tardifs, le commerce des amours vénales, de l'adultère, la vie en concubinage avec des femmes âgées sont la principale cause de la mortalité des enfants et de la stérilité de la femme épousée trop tard, on sera bien près de trouver les moyens d'empêcher la décroissance continue et permanente de la population.

Il y a lieu de se demander pourquoi, dans notre pays, il y a des mariages tardifs, pourquoi les enfants meurent en bas âge en si grande quantité, et pourquoi les enfants de 5 à 6 ans succombent en proportions aussi considérables aux maladies qui les déciment. En cherchant bien les causes pour lesquelles on se marie tard chez nous et pour lesquelles les enfants sont prédisposés à mourir dans leur premier âge ou dans leur jeunesse, je ne vois qu'une seule explication : c'est la *prostitution*. Si l'homme, en effet, reste célibataire de 25 à 35 ans, s'il ne se marie point, et s'il s'épuise, c'est qu'il trouve, à sa portée, la prostitution facile, commode, et offrant une apparence de sécurité.

Dans tous les pays où la prostitution existe, où elle est réglementée [1], les mariages sont plus tardifs.

1. Voyez Parent du Chatelet, *De la prostitution dans la ville de Paris, considérée sous le rapport de l'hygiène publique, de la morale et de l'administration*, 3ᵉ édition, Paris, 1857.—Jeannel, *De la prostitution dans les grandes villes au XIXᵉ siècle*, 2ᵉ édition, Paris, 1874.

Dans notre pays, la prostitution est réglementée depuis 1825. Elle l'était antérieurement, mais pas d'une façon complète. Napoléon l'avait réglementée d'abord pour l'usage de ses soldats. Ce ne fut qu'en 1825 que le duc Decazes établit les lois de police qui règlent en France la prostitution. Depuis cette époque, les mariages ont été plus tardifs. Nous avons dit en commençant que l'excédant des naissances sur les décès, qui était en 1825 de 5 p. 0|0, était tombé à 3 et même à 2 1|2 p. 0|0. Je rapproche les faits et je dis que depuis que la prostitution a été réglementée, les mariages sont devenus plus tardifs et l'excédant des naissances sur les décès a commencé à diminuer. *Post hoc, ergo propter hoc*, ce sont les termes qu'employait jadis la scolastique.

L'organisation de la prostitution en Angleterre n'existait pas avant 1866, et encore l'organisation n'a-t-elle porté que sur les villes où il y a des ports de mer ou des garnisons. Avant cette époque, le nombre des mariages normaux, féconds, était aussi élevé que je vous le disais tout à l'heure. L'excédant des naissances sur les décès était aussi considérable, beaucoup plus important qu'en France. Le chiffre en était énorme en Écosse, très bon dans la vieille Angleterre, moins favorable en Irlande. En Écosse 14 p. 0|0, c'est le chiffre le plus élevé qu'on ait encore trouvé ; il n'a d'équivalent qu'en Danemark, en Suède et en Norwège. En Irlande, 8 p. 0|0 seulement. Je ne puis pas en accuser l'émigration, car il a dû y avoir en Irlande beaucoup moins de vieillards, et tous les vieillards qui meurent à l'étranger sont perdus pour la statistique. Eh bien! depuis que la prostitution a été organisée en Angleterre, la statistique a été faite avec soin et avec persévérance, et il a été démontré que dans les villes où la prostitution a été réglementée, le nombre des mariages a diminué [1]. Pour vous en convaincre, vous n'avez qu'à lire les ouvrages de M. le docteur Newins, de Londres.

La prostitution est donc en grande partie une des causes pour lesquelles nous nous marions tardivement.

Je suis obligé d'ajouter que la prostitution est une cause de dépopulation plus certaine que toutes les autres. D'abord, pour ce qui est de la femme, elle la rend stérile. Le seul fait de se livrer à plusieurs hommes dans la journée suffit pour amener fatalement, forcément, la stérilité. Quelques chiffres, et je n'insisterai pas davantage sur cette partie si délicate de mon sujet.

Les chances de maternité chez les femmes existent dans les proportions suivantes: une mère de famille, épouse d'un homme sain, a 18 p. 0|0 de chances d'a-

---

1. J. Jeannel, *Étude sur la prostitution et sur la prophylaxie des maladies vénériennes en Angleterre* (*Ann. d'hyg.*, 1874, t. XLI, p. 101). — *Nouvelles études sur la prostitution en Angleterre* (*Ann. d'hyg.*, 1875, t. XLIII, p. 307).

voir un enfant dans l'année; une jeune fille qui vit en concubinage a 49 p. 0[0 de chances, une de plus que la femme mariée. Je vais vous en donner tout de suite l'explication. Le concubinage se produit d'ordinaire entre un homme jeune qui a des désirs et une femme aussi jeune qu'il la peut trouver, de 20 à 22 ans; or, c'est l'âge où la fécondité est la plus certaine. C'est l'histoire de ce qui se passe dans les campagnes. Vous avez tous vu des paysannes venir à Paris se mettre en service, et au bout de sept à huit mois vous vous êtes aperçus du motif qui les avait poussées à quitter leur pays. Lorsque vous les interrogiez, elles vous disaient qu'elles avaient commis une faute, qu'elles n'avaient succombé qu'une ou deux fois. Les parents, si vous leur écriviez, confirmaient ce qu'elles vous avaient dit. Mais elles étaient dans l'âge où l'on fait le plus d'enfants. C'est pour cela que, dans le concubinage des campagnes, que j'appellerai volontiers le *mariage naturel*, la fécondité est plus grande que dans bon nombre de mariages réguliers.

Les femmes qui se livrent réellement à la prostitution peuvent se diviser en plusieurs groupes :

Les *femmes libres*, c'est-à-dire celles qui se livrent à un homme pour une maison de campagne, une voiture, des dentelles, des diamants, ce sont les prostituées libres de la haute classe;

Celles qui viennent ensuite sont celles qui se livrent pour payer une dette, un fournisseur, leur loyer ;

Et enfin celles qui se livrent chaque fois qu'elles ont besoin d'argent.

Toutes sont moins fécondes que les mères et les concubines : tantôt volontairement : c'est l'avortement cherché ; tantôt involontairement : c'est le manque de précautions.

Enfin, d'autres deviennent stériles sans en avoir conscience ; ce sont celles que la paresse et le besoin poussent à se prostituer au premier venu dans les bals ou les cafés. Eh bien ! ces malheureuses ont encore 3 p. 0|0 de chances d'avoir un enfant. Cela fait une différence avec les chiffres que je vous citais plus haut.

La prostitution est donc une cause de stérilité volontaire ou involontaire, puisque la statistique démontre que, parmi les prostituées des grandes villes et de province, 3 femmes sur 100, seulement, ont chance d'avoir un enfant.

Enfin les prostituées inscrites sur les registres de la police, celles qui ont un numéro, qui exercent depuis longtemps la profession dégradante que vous connaissez, celles-là ont encore 1 chance p. 0|0 d'avoir un enfant dont il serait impossible de deviner le père. Mais cet enfant n'est pas viable, et il est tout à fait exceptionnel qu'il puisse être amené à terme et élevé.

La prostitution, du côté de la femme, est donc fatalement une cause de stérilité.

Et lorsque les prostituées, les femmes qui ont *fait la vie*, pour employer une expression moins dure, rentrent dans la vie normale, lorsqu'elles trouvent un homme qui a été dominé par elles, qui s'en est fait une habitude et qui les épouse, ces femmes quelquefois, par hasard, obtiennent un enfant; mais cet enfant ne vit pas; il meurt entre 4 et 5 ans, du croup, de la méningite tuberculeuse, de la maladie des os. De sorte qu'à supposer qu'une de ces femmes reprenne les habitudes de sagesse et rentre dans une situation normale, il est à peu près certain qu'elle sera stérile ou que son enfant mourra en bas âge.

A l'homme, la prostitution cause d'autres dommages. Elle est la source de maladies variées, et lui qui aurait été susceptible d'avoir une nombreuse lignée, ou bien il devient stérile, ou bien il voit ses enfants mourir dans le premier ou le second âge, c'est-à-dire avant 5 ans. Il s'ensuit donc que la prostitution, en dehors de l'épuisement que produit le commerce répété des femmes, est, du côté de l'homme aussi, une cause réelle d'infécondité et par conséquent de dépopulation.

Je ne voudrais pas faire le procès à un système religieux qui n'a plus guère de représentants en Europe et qui a réglementé d'une désolante façon la vie des hommes; je ne voudrais pas dire de mal de la Turquie, qui est assez malheureuse en ce moment pour qu'on lui accorde toutes espèces de sympathies, mais la Turquie est le seul pays qui ne donne pas de statistique, qui ne sache pas le nombre de ses ma-

riages et qui sache à peine le nombre de ses naissances, et la Turquie est le premier peuple qui menace de disparaître de l'Europe.

Je comprends que la Turquie ne fournisse pas de
statistique ; car si nous avions pu voir comment sa
population s'est comportée, si elle augmentait ou si
elle diminuait, nous aurions constaté que la Turquie
n'a cessé de se dépeupler, et cela pour une seule
cause. Je ne dirai pas, ici, à cause de la prostitution [1]
et des mariages tardifs, mais parce que c'est un pays
dans lequel la loi a organisé la prostitution au seul
profit de l'homme sous le nom de *polygamie*.

Qu'est-ce que la polygamie? C'est l'union d'un
homme avec quatre femmes dont il peut changer un
jour sur quatre. Indépendamment de ces femmes, il
peut avoir un certain nombre d'esclaves proportionné
à sa fortune. Un homme qui a quatre femmes et six
esclaves, c'est un homme que la variété pousse à ac-
complir l'acte du mariage plus souvent que s'il était
marié à une seule femme. Il en résulte pour lui un
épuisement certain, fatal. Savez-vous ce que cela
donne? Un excédant de filles sur les garçons. De
sorte que la polygamie est devenue à son tour une
nécessité de la polygamie. Puisqu'il y a beaucoup de
filles et très peu d'hommes, il en résulte que, du moment où l'on ne peut pas vendre les filles, il faut bien

---

1. La prostitution est défendue par le Coran.

permettre à un homme de se charger de quatre
femmes. Si dans les harems il n'y a presque que des
filles, les garçons sont souvent lymphatiques et scro-
fuleux, parce que le père a fait ce que font les jeunes
hommes de nos pays placés dans une situation ana-
logue en face de la prostitution libre et réglementée :
il s'est épuisé dans le commerce des femmes, et les
enfants ont porté la peine des plaisirs du père. L'enfant est moins viable que les enfants des autres peuples, parce que son père s'est usé avant l'âge où il l'a
mis au monde.

La prostitution, organisée en Turquie sous le nom
de *polygamie*, a donné ce résultat. La population
turque, après la prise de Constantinople en 1453,
était de 10 millions; elle n'est plus aujourd'hui que
de 4 millions environ. Il n'y a pas eu d'épidémies, de
guerres meurtrières, de massacres; les Russes, dans
leurs expéditions diverses, n'ont jamais opéré de
destruction des femmes et des enfants qui puisse ex-
pliquer cette décroissance.

C'est parce qu'il y a plus de filles que de garçons et
un excédant de décès sur les naissances que cette
dépopulation s'est produite. Le jour où les Turcs
auront un intérieur normal et une seule épouse,
ils auront plus d'enfants et les élèveront avec plus
de facilité. Le jour où la polygamie aura disparu,
vous aurez un excédant des naissances sur les décès,
l'augmentation de la population reprendra son cours

et la Turquie se repeuplera, comme l'ont fait l'Arménie et la Grèce, peuples qui sont sous la domination turque et chez lesquels la polygamie n'existe pas.

Voici deux preuves qui sont suffisantes :

La première établit que la prostitution fait les femmes stériles et qu'elle épuise l'homme quand elle ne le rend pas stérile.

Nous avons, en second lieu, l'exemple de la Turquie qui nous démontre que la prostitution réglementée au seul profit de l'homme ou polygamie est une cause de dépopulation.

J'ajouterai encore, à propos de la prostitution, qu'il faut combattre par tous les moyens, qu'après avoir été une cause de mariages tardifs, elle en devient un résultat. Saisissez bien cela. S'il y a tant de femmes dans des magasins qui se livrent à ce commerce, c'est parce qu'aucune d'elles n'a pu trouver un homme pour les épouser. L'homme qui devait se marier avec elle est dans un autre magasin ; il vit en concubinage avec une femme, le plus souvent plus vieille que lui, et qui ne fait pas d'enfants. Si cet homme s'était marié avec la femme jeune, vous auriez eu des chances meilleures de progéniture, et, de leur fait, la dépopulation n'existerait pas.

La prostitution, engendrée par le célibat, par le mariage tardif, vous le voyez, forme avec le mariage tardif un grand cercle vicieux. La prostitution cause les mariages tardifs, et les mariages tardifs, à leur tour, encouragent la prostitution.

Toutes les catastrophes du globe sont soumises à des lois, c'est-à-dire que toutes les grandes catastrophes sont le résultat d'une déviation d'une loi naturelle. Eh bien ! s'il nous est possible de démontrer que la prostitution est une déviation d'une loi naturelle qui vicie d'autres lois naturelles, et qu'elle est en définitive un mal que l'on pourrait éviter si l'on suivait les lois de la nature, on aura plus fait pour combattre la prostitution que n'ont pu faire les généreux efforts de la société protestante dont j'ai parlé tout à l'heure. A grands frais, au prix de grands sacrifices, elle a ouvert un refuge, à l'exemple de celui qui existe en Suisse, pour arracher les femmes à la prostitution. Mais le mal est au-dessus des forces même de la charité, si inépuisable qu'elle soit à Paris.

Jusqu'à ce jour on a fait fausse route en attaquant la prostitution par la femme et à l'aide de la charité. Aujourd'hui il faut changer de système, il faut dire à l'homme : C'est toi qui és la cause de la prostitution, et c'est toi qui en portes la peine, par ta santé perdue, par ta femme qui est stérile ou par tes enfants qui meurent avant l'âge. C'est une partie de la vie de tes enfants que tu sacrifies en te livrant à des plaisirs sans but et sans résultats !

Vous me demanderez pourquoi nous luttons contre la prostitution et pourquoi nous nous inquiétons de la dépopulation des États; quel intérêt nous pouvons avoir à ce que les États ne se dépeuplent pas ? Nous voyons, il est vrai, par l'histoire que des États ont disparu, sans que pour cela le progrès ait cessé de continuer sa marche. On pourrait donc prendre son parti en philosophe. Mais je ferai intervenir ici la question du sentiment après avoir traité la question scientifique, et c'est par là que je termine.

Volney, l'auteur *des Ruines*, a dit : « Les nations, comme les hommes, naissent, grandissent, périclitent et meurent ». Il aurait pu ajouter : Elles meurent lorsque les États se dépeuplent, lorsque l'on peut dire comme le poète : « Rome n'est plus dans Rome, Athènes n'est plus dans Athènes ! »

Les hommes illustres, les hommes de paix, les hommes humains qui, hier encore, faisaient retentir une grande enceinte de paroles de paix universelle [1], pensent peut-être que nous pourrons éviter le sort des nations de l'antiquité. Soit. Ils espèrent sans doute que les efforts réunis des savants empêcheront à tout jamais de grandes nations, telles que la France, l'Allemagne, la Russie, de disparaître comme ont disparu tant d'autres peuples. Libre à eux de songer à la possibilité de la trêve universelle et d'en préparer à l'avance le contrat. Mais nous, qui connaissons mieux

---

1. Cette conférence a été faite le 26 août 1878, quelques jours après la clôture du Congrès des amis de la paix, où Victor Hugo avait prononcé un discours retentissant.

la nature de l'homme, ses besoins et ses passions, nous croyons à la fatalité de la guerre. Les nations, comme les hommes, sont rivales; elles ont à se disputer le commerce, l'industrie, l'agriculture, cette nourriture des peuples comme le pain est la nourriture des hommes. Il y aura toujours un moment où la dispute s'aigrira et où il faudra descendre.... que dis-je? monter sur les champs de bataille, car il y aura long-temps encore une suprême grandeur à verser son sang pour sa patrie !

Alors, si nous ne voulons pas que Paris, cessant d'être un astre, devienne le satellite de quelque ville allemande, Leipzig, Francfort ou Berlin, si les citoyens de ces villes ne veulent pas céder l'hégémonie de l'Europe à Moscou, si les Moscovites à leur tour ne veulent pas que leur Kremlin tombe aux mains de je ne sais quels peuples féconds sortis de l'extrême Orient et qui n'ont pas encore d'histoire, réfléchissons; ce n'est pas parce que des mères d'élite auront donné naissance à de grands savants, de grands artistes, que les peuples échapperont à l'invasion, à la servitude, à la mort ! mais plutôt parce qu'il sortira des entrailles de la nation, depuis la femme du patricien jusqu'à la plus humble paysanne, des générations d'enfants pour faire des générations de soldats.

RÉSULTATS ÉLOIGNÉS DE LA PROSTITUTION SUR LE MARIAGE ET LA FAMILLE.

Quelques développements sont nécessaires pour bien faire saisir le sens du chapitre précédent.

Les documents les plus positifs tirés des livres de médecine ont depuis longtemps permis d'établir que les maladies syphilitiques engendraient la stérilité, lorsque le mariage était contracté pendant la période active de la syphilis, compagne ordinaire de la prostitution.

On sait que des époux syphilitiques sont stériles, ou au moins mauvais reproducteurs de la manière suivante :

1° La femme devient enceinte, mais avorte du troisième au cinquième mois.

2° La femme a une grossesse normale, mais elle met au monde un enfant mort.

3° La femme met au monde un enfant vivant, atteint de syphilis et qui succombe au moins 9 fois sur 10 dans les 6 premiers mois ; les enfants qui échappent, le doivent à la constitution particulièrement excellente de la mère.

Ces propositions hors de tout conteste aujourd'hui sont reconnues et acceptées par tous les médecins, et

il en résulte que les maladies gagnées dans la prostitution stérilisent un bon nombre de ménages. Ce
qu'il faut ajouter encore, c'est que ces mêmes maladies
stérilisent les unions libres entre gens âgés de
25 à 30 ans, et il en résulte que les enfants
illégitimes sont aussi rares, pour le même motif, que les
enfants légitimes, surtout dans les villes.

Les maladies vénériennes même telles que la
blennorrhagie ont aussi une action funeste sur la
fécondité des mariages et des unions libres. Sans
entrer dans de grands détails, nous dirons avec
Hunter [1] et M. Ricord [2] qu'une blennorrhagie com-
pliquée d'orchite double rend l'homme presque
irrémédiablement stérile ; que la blennorrhagie
propagée au col de l'utérus et à la cavité utérine
rend la femme absolument stérile.

Tous ces accidents qui résultent presque constam-
ment de l'usage de la prostitution sont tellement
évidents qu'il n'est pas nécessaire d'insister.

Mais il faudrait faire le compte exact de la mortalité
des nouveau-nés imputable aux maladies syphilitiques. On peut arriver à une expression approchée de
la vérité.

Tous les enfants de syphilitiques nés avant terme et

---

1. Hunter, *Traité de la Maladie vénérienne*, traduit par
G. Richelot, avec notes et additions par Ricord. 3e édition.
Paris, 1859.

2. Ricord, *Lettres sur la syphilis*. 3e édition. Paris, 1863.

morts, ou nés à terme et morts des suites, sont compris dans le chiffre énorme de mort-nés observés en France, et à Paris seulement ce chiffre s'élève à 7,7 ou 8 pour cent de la totalité des naissances légitimes et illégitimes. Il n'y a à déduire du chiffre total des mort-nés que les avortements provoqués, les accouchements difficiles qui entraînent la mort de l'enfant et les avortements dus à une maladie aiguë survenue pendant la grossesse. D'après les relevés partiels des avortements coupables connus, des accouchements difficiles et des maladies de femmes grosses, on peut arriver approximativement au chiffre de 2 0⁄₀ pour les mort-nés du fait de la syphilis des parents, ou si l'on préfère, le quart de la totalité des mort-nés. Cela fait encore un chiffre relativement considérable, environ 12,000 par an. Il n'est malheureusement pas possible de donner des chiffres plus précis, car les avortements à 2 et 3 mois échappent à la statistique, et dans la mention des feuilles de décès et la déclaration de mort-nés, il est impossible de trouver le moindre détail sur l'état de santé des parents ; la syphilis est ce que les familles et les médecins tiennent le plus caché.

On trouve çà et là dans des recueils étrangers des lambeaux de statistique qui ont ici leur utilité.

Le docteur Palmer [1] s'est occupé à rechercher,

---

1. Palmer, *British Med. Journ.* Août 1882, p. 203.

l'influence de la maladie syphilitique sur la famille, dans le port d'Yarmouth. Là il y a une prostitution réglementée à l'image de la réglementation française depuis 1866, c'est-à-dire depuis 18 ans; les maladies syphilitiques n'ont pas diminué pour cela, mais la mortalité des enfants a été considérable, sans compter les avortements. Voici ce que nous extrayons de ce travail : dans un groupe de 84 familles où l'homme ou la femme s'étaient joints pendant la période des accidents contagieux de la syphilis, il y a eu depuis le mariage jusqu'au jour de l'enquête médicale 325 enfants, sur lesquels 175 sont morts à tout âge et 150 vivent; en faisant la part des maladies étrangères qui ont pu emporter les enfants, il reste néanmoins un chiffre de mortalité élevé imputable au seul fait de la syphilis chez les parents. On doit remarquer ici qu'il y a des enfants vivants en assez bon nombre; mais il faut savoir aussi que les Anglais mettent sur le compte de la syphilis des maladies vénériennes simples moins graves que la syphilis.

Mais les effets des maladies syphilitiques et vénériennes se font sentir au delà de la première période du mariage et au delà de la première enfance des rejetons des syphilitiques. Si la stérilité due aux anciennes orchites et aux métrites internes n'est guère guérissable, et les conceptions tardives sont à peu près exceptionnelles, les enfants des syphilitiques n'ont point une longue vie.

Il y a des enfants de syphilitiques qui échappent, grâce à une excellente nourriture ou à des soins minutieux; mais ce serait une erreur de croire qu'ils sont hors de danger; les enfants des syphilitiques sont exposés, de l'âge de 4 à 8 ans, à deux maladies qui pardonnent rarement, le croup et la méningite tuberculeuse.

Lorsque l'on traite l'une ou l'autre de ces maladies, on n'a pas toujours le loisir de rechercher dans la santé des parents à quelle maladie antérieure l'on doit rattacher le croup ou la méningite; c'est quand l'on a suivi et soigné des familles pendant de longues années que l'on peut bien saisir l'influence éloignée des maladies syphilitiques sur la vie des enfants.

Voici quelques observations :

M. X., 44 ans, marié à 32 ans et ayant eu la syphilis à l'âge de 22 ans, épouse une femme saine et de bonne santé, dix ans après des accidents gagnés avec une prostituée libre. Le malade avait été traité régulièrement pendant deux ans par les mercuriaux.

Un enfant naît de ce mariage; quoique la première enfance ait été facile, à l'âge de 8 ans l'enfant succomba à une atteinte de croup. Il était le seul enfant de cette famille, qui cependant désirait des enfants et ne faisait rien pour les éviter.

Il n'y avait dans cette famille, ni du côté du père, ni du côté de la mère, aucun accident de maladies scrofuleuse ou tuberculeuse qui prédisposent aussi les enfants à la méningite ou au croup.

MM. X. et Z., étant tous deux en puissance de maladie syphilitique avérée, épousent deux sœurs et leur communiquent chacun de leur côté les accidents secondaires de la syphilis. Ces deux jeunes ménages offrent deux exemples frappants de l'influence néfaste de la syphilis sur la famille.

Voici les 10 années de ménage de ces deux unions.

Premier couple. — Père appartenant à une famille saine mais très fatigué et ayant une laryngite chronique sans tubercules, ayant beaucoup usé de la prostitution inscrite et ayant gagné toutes les maladies vénériennes successivement ; mère saine, née d'une famille ayant une très belle santé.

Un enfant vient au bout de 9 mois, quoique le père et la mère soient syphilitiques, mais il meurt à terme.

Trois ans après un autre enfant, fausse couche de 7 mois.

Cinq ans après cette fausse couche, un enfant vient à terme vivant et vit encore : il a 3 ans.

Ni le père ni la mère ne suivirent de traitement par les mercuriaux, et ils sont aujourd'hui guéris de leur syphilis. Le père seulement a une gomme cutanée de la cuisse gauche.

Deuxième couple. — Père d'une belle santé, appartenant à une famille de gens sains. Mère d'une bonne santé, sœur de la précédente.

Neuf mois après le mariage, un enfant né sain et facile à élever. A 3 ans, menaces de méningite tuberculeuse; à 7 ans, mort du croup.

Pas d'autres enfants.

La mère, guérie de la syphilis, présenta des signes de tubercules pulmonaires après la mort de son enfant, dont elle ne se consola pas, et mourut.

Le père, guéri de sa syphilis, ne présente plus aucun accident.

Ce fait serait intéressant au point de vue de la mort de la mère à la suite de la syphilis, mais c'est seulement au point de vue de l'enfant que nous croyons devoir attirer l'attention du lecteur.

Voici un dernier fait :

Père d'une bonne santé, de parents sains vivant encore. Mère saine, d'une belle santé, dont le père est mort d'apoplexie à 60 ans et était buveur. Le père, 2 ans avant son mariage, a eu un accident syphilitique. 10 mois après le mariage, en 1870, un enfant mâle, mort à un an de méningite; 3 autres enfants venus successivement moururent ainsi :

En 1876, une petite fille de 3 ans, morte du croup.

En 1880, une fille de 8 ans, l'aînée, meurt d'angine couenneuse et de croup.

En 1880, 10 jours après, un petit garçon de 4 ans, le dernier enfant, meurt du croup.

D'après ce que nous voyons, il nous paraît évident que la syphilis a augmenté en France dans de notables proportions depuis 1860, c'est-à-dire depuis que les grands chemins de fer et l'agrandissement de Paris ont doublé sa population. Ce n'est pas que les hôpitaux de syphilitiques soient plus encombrés ; mais, à voir la multiplicité des offices médicaux pour les maladies dites secrètes, on peut en conclure, ce que l'on pouvait prévoir, que la syphilis a augmenté. En même temps que la syphilis augmentait, nous avons vu, chose plus curieuse encore, augmenter une maladie redoutable, le croup et la diphthérie.

Voici des chiffres éloquents, tirés de la statistique de la ville de Paris, publiée régulièrement depuis 1869. Remarquons que depuis 9 ans le grand réseau des voies ferrées était terminé, que depuis 9 ans Paris avait été agrandi par suite de l'annexion des communes comprises entre les murs d'octroi et les fortifications.

Si nous prenons un mauvais mois de l'année, le mois d'avril, le mois où la santé publique éprouve le plus d'échecs, voici ce que nous trouvons :

1870, 3e semaine d'avril, 17 croup et diphthérie.

1874, 3e semaine d'avril, 29 croup et diphthérie.

1882, 3e semaine d'avril, 70 croup et diphthérie.

Toujours une augmentation est signalée.

La statistique de la ville de Londres, publiée avec

des détails statistiques aussi précis que ceux de la statistique de Paris, permet d'établir une comparaison désolante. Quoiqu'il y ait de la prostitution à Londres, elle n'est pas réglementée, et, si hideuse qu'elle soit, elle n'offre point ce caractère de généralisation qui existe chez nous. A Londres, il n'est point fait mention d'une augmentation de la prostitution, et l'on pourrait en être presque certain en examinant le chiffre des décès d'enfants par la diphthérie, pendant le même mois des mêmes années.

Voici ces chiffres :

1870, 3ᵉ semaine d'avril, 15 décès de croup.

1874, 3ᵉ semaine d'avril, 24 décès de croup.

1882, 3ᵉ semaine d'avril, 21 décès de croup et diphthérite.

A Londres, la population est de 3,891,000, et celle de Paris est de 2,200,000 seulement, et il y a moins de diphthérite et de croup à Londres qu'à Paris !

La diphthérite et le croup chez les enfants est souvent la conséquence de la diathèse tuberculeuse chez les parents, chez la mère en particulier. Il faudrait donc défalquer du nombre des décès par le croup les décès observés chez les enfants nés de parents tuberculeux. On pourrait presque arriver à un chiffre exact en comparant les chiffres de Paris et ceux de Londres. Mais il meurt plus de phthisiques à Londres qu'à Paris, et beaucoup de phthisiques Anglais meurent à l'étranger. Un calcul rigoureux ne peut être fait. Toutefois, établissant la proportion suivante :

$$\frac{2,200,000}{3,800,000} = \frac{x}{21}$$

on arrive à ce résultat :

$$x = \frac{2,200,000 \times 21}{3,800,000}$$

Soit 12, chiffre qui devrait représenter le total des décès par croup et diphthérite à Paris, s'il n'y avait pas dans cette ville une cause qui en fait augmenter le nombre.

D'où il résulte que cette année, en 1882, il y a 58 cas de croup et diphthérite de plus qu'il ne devrait y en avoir.

En prenant les chiffres de l'année 1874, où les chiffres de la statistique anglaise sont relativement élevés, on trouve la proportion :

$$\frac{2,200,000}{3,800,000} = \frac{x}{24}$$

D'où,

$$x = \frac{2,200,000 \times 24}{3,800,000} = 13$$

Dans cette année 1874, il y a donc eu à Paris 16 croups et diphthérites de plus qu'il ne devait y en avoir.

C'est entre ces deux chiffres extrêmes 58 et 16 que se trouve la moyenne des cas de croup et diphthérie qui existent à Paris et qui l'emportent sur le nombre des cas observés à Londres. C'est dans ce chiffre que l'on doit comprendre les diphthéries tardives qui emportent les enfants des syphilitiques.

Mais cette augmentation de décès par le croup que l'on peut rapprocher de l'augmentation de la syphilis n'est pas due seulement à l'évolution naturelle d'une prédisposition en germe au moment de la naissance ; la fréquence du croup dans ces trois dernières années reconnaît une autre cause.

Depuis 1874, la protection de l'enfance, le soin que l'on prend des nourrissons, les établissements charitables que l'on a fondés, le bien-être des pauvres qui a été augmenté, tout cela a permis d'élever un certain nombre d'enfants. Ceux-ci, quoiqu'ils eussent la tare syphilitique, ont résisté aux causes ordinaires de la mortalité pendant leur première année, mais la tare persistait toujours ; et plus tard, à la première occasion, le croup a eu prise sur eux et les a emportés.

Il y a bien d'autres maladies de l'enfance qui peuvent être imputées aux suites de la débauche du père antérieurement au mariage, mais il serait trop long de les signaler toutes ; nous avons pris celle qui paraît le plus nettement liée à la syphilis des parents et celle dont les effets sont presque toujours funestes. S'il avait été possible de faire le compte exact des cas de méningite tuberculeuse, nous l'aurions présenté ici ; mais les statistiques française et anglaise ne séparent pas la méningite tuberculeuse des autres méningites. C'est un travail ultérieur à faire. Les autres maladies sont, après tout, guérissables dans la majorité des cas, et les citer toutes, ce serait aller trop loin, car en voulant trop prouver, souvent on ne prouve rien.

III

PROSTITUTION ET SANTÉ PUBLIQUE

DU DÉLIT IMPUNI

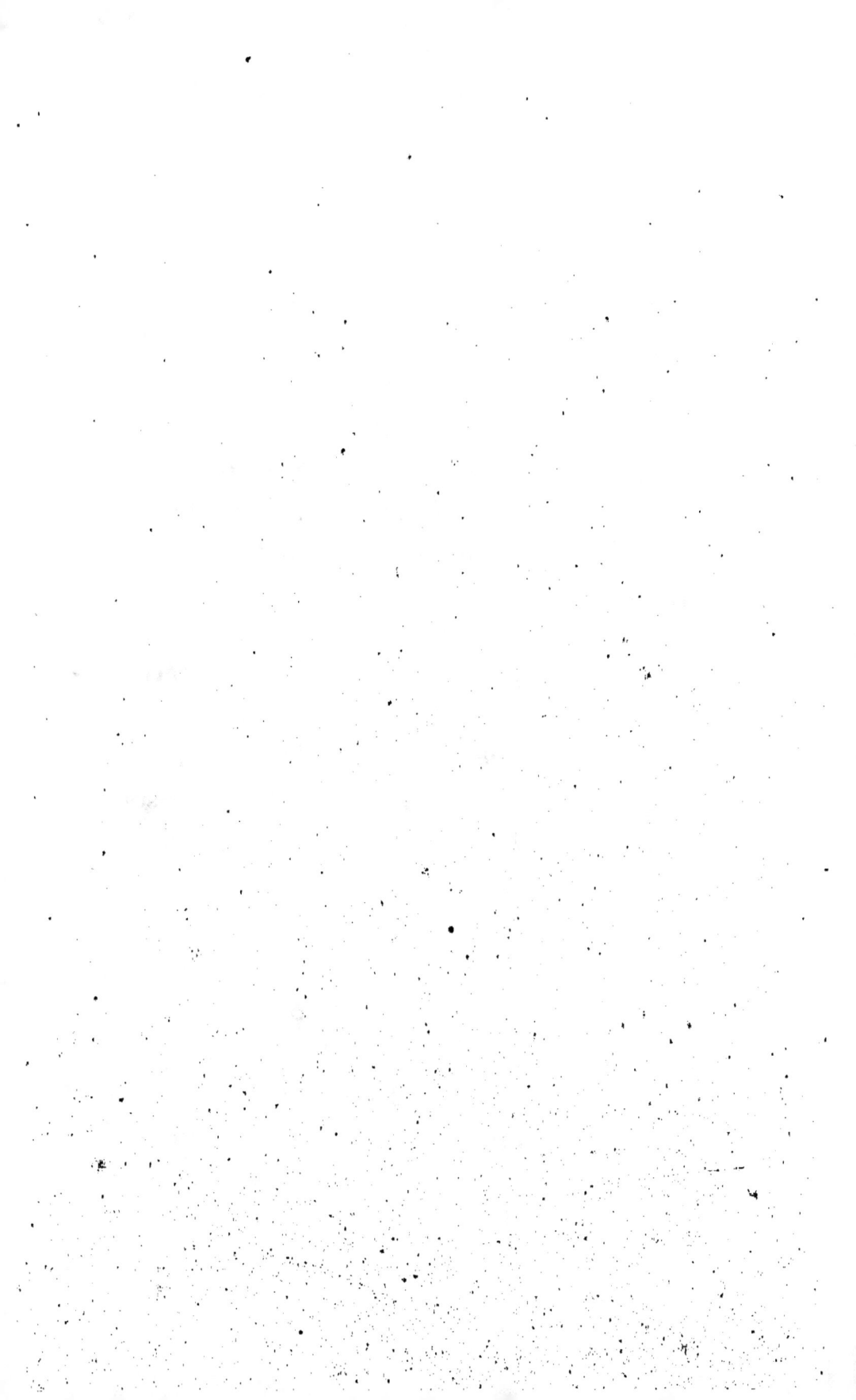

La syphilis a été transmise depuis des siècles, de génération en génération, jusqu'à nos contemporains. Ce mal, satellite dangereux des plaisirs légitimes, mais le plus souvent parasite et commensal de la débauche, triste patrimoine d'enfants qui viennent à peine au monde, se propage sous nos yeux, de l'homme à la femme, des pères et mères à l'enfant, de l'enfant à sa nourrice, dans des proportions qui restent toujours sensiblement les mêmes, et avec une régularité que rien ne vient déranger. En présence du sort ainsi réservé à l'homme impuissant jusqu'ici à s'en affranchir, on doute malgré soi de la raison humaine. A quoi servent, en effet, les merveilleuses ressources de l'esprit humain, s'il ne parvient pas à préserver la race ?

On sait quel est le mal.

C'est la jeunesse qui s'y trouve le plus exposée. A l'âge où la vie commence, à l'âge où l'homme sent ce qu'il peut tirer de ses forces et de son intelligence, il est frappé par un mal dissolvant : son développement reçoit une atteinte. Un poison est introduit dans l'économie, où s'opère alors un travail éliminateur

plus ou moins rapide, plus ou moins grave, suivant
le genre de vie et la constitution de l'individu, et
pendant 12 à 24 mois et plus, le mal qui mine le
patient est transmissible. Ici, après un ou plusieurs
accidents locaux variables, on voit survenir des
éruptions cutanées, des maux d'yeux et des lésions
plus profondes, qui, sans compromettre dangereuse-
ment la vie, l'affaiblissent, la découragent jusqu'au
moment où le mal, enfin localisé, se termine, quelques années plus tard, par des tumeurs, ou des
ulcérations plus ou moins étendues, dernières étapes
de l'évolution de la maladie, dernière phase de
l'élimination du poison.

Là, après des soins assidus, le malade voit reparaître à des époques variables des poussées d'éruption de boutons qui disparaissent pour reparaître
encore, et cela pendant des mois et des saisons. Là
encore, une simple éruption d'une durée de 5 à
8 mois succède à l'accident local et représente en
une seule fois tout ce qui se montre d'ordinaire chez
d'autres malades en plusieurs; la santé revient ensuite,
mais elle ne reprend toute sa vigueur que quelques
années plus tard.

L'enfant conçu par de tels parents meurt souvent
avant de naître ou, s'il vient au monde, c'est pour
dépérir et mourir aux premiers mois de la vie.
Quelques petits êtres guérissent parfois, il est vrai,
au prix d'une nourrice excellente, quand elle a le

bonheur d'échapper à une contagion presque inévitable de la bouche de l'enfant au sein qui le nourrit.

Ainsi, trois à cinq années ou une année au moins, dans les cas les moins graves, sacrifiées, pour ainsi dire, par l'individu peu capable de travail pendant qu'il se soigne ; un affaiblissement de la santé long à réparer et qui correspond moins au mal lui-même qu'à l'arrêt du développement de l'être pendant la maladie ; la stérilité, les avortements ou la procréation d'enfants voués à la mort ou chétifs : tel est le tableau de la syphilis.

Et il faut que les hommes du dix-neuvième siècle consentent à être exposés aux atteintes de cette maladie, à moins qu'ils ne songent une bonne fois à la prévenir par des mesures plus justes et plus efficaces que celles qui ont été prises jusqu'à ce jour.

I

LA PROPHYLAXIE ADMINISTRATIVE.

Qu'ont trouvé les médecins et les législateurs comme remède à un tel état de choses? Les médecins ont imaginé des moyens prophylactiques, illusions et illusions! Le législateur a construit une réglementation de la prostitution, une demi-mesure.

Je n'entrerai pas ici dans de longs détails sur les moyens prophylactiques qui ont été proposés en France et à l'étranger, je renverrai à cet égard au livre de Parent-Duchatelet [1] et à celui de M. Jeannel [2].

Une nouvelle tentative préservatrice importante doit être mentionnée toutefois; une mesure capable de mettre un terme à la contagion syphilitique a été

1. Parent-Duchatelet, *De la prostitution dans la ville de Paris.* 3ᵉ édition. Paris, 1857.

2. Jeannel, *De la prostitution dans les grandes villes au XIXᵉ siècle.* 2ᵉ édition. Paris, 1874.

proposée par M. Diday, de Lyon [1], il y a quelques années. Elle avait pour but d'obliger tous les individus sains ou malades à porter avec eux un certificat de santé exigible, une sorte de passeport qui permît de surveiller à la fois les hommes et les femmes.

Le principe de ce règlement sur la santé publique a été repoussé. En effet, il y avait, aux yeux de bien des gens, quelque chose de vexatoire à faire peser sur des individus sains une surveillance qui doit porter seulement sur des individus malades, à diriger une sorte de recherche inquisitoriale sur tous, pour être certain de marquer les gens dangereux.

Je signale en passant cette proposition pour constater qu'elle aurait un résultat plus positif que beaucoup d'autres, si elle était applicable.

D'autres efforts avaient été tentés auparavant et avaient été les précurseurs de cette proposition.

Dans une pétition adressée aux Chambres en 1846 [1], M. Guépin, de Nantes, avait proposé : la surveillance de toutes les malades qui auraient été traitées pour la syphilis dans les hôpitaux et dans les dispensaires, ce qui supposait la délation de la part du médecin ; la

1. Diday, *Exposition critique et pratique des nouvelles doctrines sur la syphilis, suivie d'un Essai sur de nouveaux moyens préservatifs des maladies vénériennes.* Paris, 1858.

2. Guépin, de Nantes, *Suppression de la syphilis.* Paris, 1846.

visite réglementaire de tous les marins et les soldats une fois par semaine (cette mesure a été adoptée, mais les visites sont moins fréquentes).

De tels moyens auraient une utilité certaine, mais ils violentent la liberté des malades, en atteignant à peine la moitié de ceux qui sont susceptibles de transmettre la syphilis.

Une mesure de salubrité est adoptée en France : la visite médicale des filles prostituées inscrites sur un registre spécial de la police et dont on tolère le commerce de la prostitution à tous les prix. Les visites sont préventives, et, lorsqu'une fille est malade, on la soustrait à la circulation et on la consigne dans une prison-hôpital, la maison de Saint-Lazare, à Paris, et quelquefois dans l'hôpital de Lourcine.

Proposée depuis longtemps, cette mesure a été mise en application sérieuse seulement sous le ministère Decazes. Elle a eu toutefois bien des détracteurs. Si l'on ne discutait pas ses effets, on la jugeait du moins inapplicable, et on la taxait de rêve. Et c'est cependant la seule précaution un peu utile que la société prenne contre l'extension de la syphilis.

Au nom de la salubrité publique, le préfet de police exerce une sorte de tutelle sur les filles de mauvaises mœurs. Il a même le droit d'autoriser l'arrestation des femmes sans domicile et sans moyens d'existence qui vivent de la prostitution clandestine. Ces femmes sont arrêtées tantôt parce qu'elles ont été ramassées en état de vagabondage, tantôt parce qu'elles ont été dénoncées par ceux qu'elles ont rendus malades.

Cette dernière condition se rencontre surtout pour les femmes qui ont donné du mal à des soldats. (La réciproque n'a point lieu.) Le soldat malade, rentré à son régiment, est mis à la salle de police ou consigné, et on lui demande le nom et l'adresse de la femme avec laquelle il a eu des rapports [1]. Cela fait, les renseignements obtenus sont transmis à la Préfecture de police, et l'on arrête la femme. Si elle est malade, on l'envoie à Saint-Lazare et même à Lourcine.

Je ne veux point chercher si cette intervention de la police est légitime ; elle est à tort ou à raison dans nos mœurs. Les femmes ont dans la société actuelle un rôle de mineures, par imitation sans doute de la loi salique, et parce que, comme cela a été spirituellement écrit, les lois ont été faites par les hommes.

Au contraire, il est bon de remarquer que le dispensaire de la Préfecture de police et la prison de Saint-Lazare ne remédient à rien ou à presque rien.

Il y a à Paris environ 30,000 femmes qui se livrent à la prostitution, sans compter les filles qui vivent en concubinage et qui changent d'amants au point d'être considérées presque comme des prostituées.

---

1. Je n'affirme point que cette mesure disciplinaire soit encore en vigueur. La consigne est bonne en soi, et je me garderai bien de la blâmer.

Sur ces 25 ou 30,000 femmes, il y en a moins de 3,700 inscrites à la police, c'est-à-dire soumises à des visites médicales obligatoires, moins de 1,500 sont dans des maisons de tolérance, et moins de 3,000 ont une carte et exercent la prostitution dans un domicile à elle [1]. Beaucoup de ces dernières fréquentent les bals publics.

Ces chiffres sont effrayants et démontrent l'insuffisance des moyens prophylactiques administratifs.

Du moment où toutes les femmes qui se livrent à la prostitution clandestine ne sont pas surveillées, comment peut-on arrêter la propagation de la syphilis? Les femmes pourvues d'un domicile sont inaccessibles à des visites de salubrité. Celles qui, pour s'être fourvoyées dans un hôtel garni ou dans un bal public, sont arrêtées, ne tardent pas à être réclamées par quelques personnes influentes. Elles échappent à toute surveillance.

D'un autre côté, si tous les hommes peuvent promener leur mal sans entraves dès qu'il leur permet quelques loisirs, il devient évident que l'on n'a rien fait pour arrêter la transmission du mal.

Je confesse que je ne trouve nullement la justice dans cette intervention partielle de l'autorité. Si bons que puissent être les motifs et l'intention, je ne vois

---

1. En 1870, au 1er janvier, il y avait en tout 3,656 filles inscrites à la police. Voy. Lecour, *De la Prostitution*. Paris, 1870. Il y en a aujourd'hui 3,980.

qu'un expédient insuffisant dans les quelques mesures prises. Elles ne me paraissent conformes ni au droit, ni à l'équité, car elles protègent à peine quelques individus, sans rien faire pour la masse.

Il est, à mon sens, un but plus éloigné à atteindre, un but précis. Mais il faut alors chercher dans un ordre d'idées plus élevées que des mesures policières, le remède contre ce fléau séculaire qu'on appelle la syphilis.

II

DU DÉLIT IMPUNI.

Dans l'acte de la transmission de la syphilis, quels que soient le lieu et l'époque où elle s'effectue, quelles que soient les conditions morales des individus qui reçoivent la maladie virulente, il y a ce fait moral qu'un individu communique à son semblable une série de maux et de peines qui ne sont jamais consentis et surprennent, comme une catastrophe inattendue, celui qui en est victime.

Si j'examine comment peut être accomplie cette transmission, eu égard à celui qui donne, je suppose trois degrés. Je dis je suppose, parce que je veux respecter le secret médical et que je veux me fonder sur des faits rendus publics à l'occasion de procès en séparation ou de dommages-intérêts accordés à des nourrices [1].

Voici ces trois degrés :

Un individu est malade; il se sait malade; il n'ignore pas comment il a gagné son mal et comment il peut le transmettre ; son médecin doit lui avoir donné tous les avertissements qu'exige sa position, mais il les néglige. Et, sans remords comme sans danger de répression, il expose sciemment ceux auxquels il dissimule son état aux atteintes de son mal. Il commet ainsi un crime ou délit contre la santé, c'est-à-dire la vie d'autrui.

Un autre, après s'être connu malade d'un mal dont il sait l'origine et le mode de contagion, mais se croyant guéri, donne son mal sans le savoir et sans le vouloir. Celui-là cause à autrui un dommage indiscutable, dont le premier auteur est peut-être le médecin, qui n'a pas assez instruit son malade.

Un dernier enfin, ignorant ou insouciant, un de ces êtres illettrés et sans éducation, comme il y en a tant encore malheureusement, malgré les efforts de tous pour répandre l'instruction, ne sait ni qu'il est malade, ni qu'il peut donner son mal, et il contamine

1. Voyez Tardieu, *Études sur les maladies produites accidentellement ou involontairement par imprudence, négligence ou transmission contagieuse, comprenant l'Histoire médico-légale de la syphilis.* Paris, 1879.

imprudemment son entourage. Un tel être est un danger public au même titre que l'aliéné, contre lequel il faut se mettre en garde.

Mais voyons d'abord des faits connus et publiés, et qui ressortent de procès jugés :

Un homme se marie en puissance du mal syphilitique ; il contamine sa femme ; un premier enfant ne vient pas à terme ; un second voit régulièrement le jour ; les père et mère et leur médecin savent que l'enfant porte en lui le mal paternel ; ils confient néanmoins le nouveau-né à une nourrice mercenaire, la meilleure qu'ils puissent choisir, et, dans les deux mois, cette nourrice devient malade, perd son lait et reste stérile pendant deux ou trois ans.

Quel est l'acte de cette famille ?

La chose a été jugée avec les lois actuelles, le tribunal a accordé des dommages et intérêts à la nourrice, sans se préoccuper si le contrat de louage avait été fait en la prévenant du danger qu'elle courait ou s'il ne lui avait été rien dit ; sans rechercher si l'enfant était reconnu malade et si son mal était prévu ou si son état était ignoré des parents.

Cependant il y a entre ces deux situations morales une grande distance.

Et cela est tellement vrai qu'aujourd'hui, pour obéir sans doute à un sentiment de justice, bien des parents et des médecins se croient obligés de prévenir la nourrice, éludant ainsi à l'avance une question que pourrait faire un juge. On offre alors à la nourrice un salaire excessif, proportionné aux risques qu'elle court ; on lui achète sa santé.

Que des consciences soient tranquilles après un pareil marché, je le conçois à peine, mais je le conçois.

Reconnaissons cependant que la loi ne peut légitimer cet échange et qu'elle n'a pas manqué d'accorder, même dans ce cas, des dommages-intérêts à la nourrice qui les a demandés. Ici, la justice n'a point deux peines différentes pour deux actes différents. Si, dans le premier cas, la nourrice non prévenue reçoit un mal prévu, dans le second elle est avertie et peut essayer de se mettre en garde contre la contagion, et elle pouvait refuser de s'y exposer.

Depuis 1771, depuis un procès en séparation plaidé par Linguet jusqu'à nos jours, on ne compte plus les procès en séparation qui ont eu pour motif réel une contamination syphilitique, jugée nominalement sévices et injures graves.

Au fond de l'acte de transmission cependant, il y a encore quelque chose à voir. Car s'il est des individus qui apportent à l'épouse un mal dont ils se croient guéris, il peut en être d'autres qui, sans se renseigner, contractent mariage lorsqu'ils sont malades et se savent malades.

Je n'en veux pour preuve que les débats de procès qui ont suivi de peu les mariages.

Un homme, après avoir tenté tous les moyens de guérison, aborde honnêtement le mariage et donne, malgré lui, une maladie dont il se croyait débarrassé.

Un autre court à une dernière fête de garçon et paye de sa santé cette débauche finale ; mais on l'attend, il s'agit d'un parti qu'il ne veut pas laisser échapper ; il se marie et infecte l'autre époux.

Un dernier enfin, las des plaisirs aussi faciles que dangereux et dont il a fait une cruelle expérience, cherche dans le mariage le repos et une vie régulière favorables au traitement d'un mal qu'il ne craint pas de venir partager dans son foyer.

Pour de tels faits, la punition infligée jusqu'ici a toujours été la même. On a séparé les époux sur la demande des victimes ou des parents des victimes. Je ne puis en vérité m'empêcher de demander si l'on ne pourrait pas mieux juger des actes si différents ?

Tous ceux qui se rappellent l'anecdote de l'avocat Féron et du roi de France saisiront immédiatement un autre fait délictueux possible entre époux. Se venger d'un amant royal ou roturier en lui faisant passer par sa propre femme un mal contagieux que l'on cherche soi-même, n'est-ce pas là une noire préméditation ?

Que dire enfin de celui qui apporte au domicile conjugal, à l'époux qui a observé le devoir, un mal gagné dans l'adultère et qu'il transmet caché sous sa tendresse plutôt que d'avouer sa faute et sa maladie ?

La loi qui protège la vie de l'époux, qui sauvegarde jusque dans le régime matrimonial de la communauté les intérêts d'un époux contre l'autre époux, peut-elle mépriser les atteintes portées aussi sciemment à la santé de l'homme ou de la femme ?

Voilà pour les actes que la justice atteint avec nos lois, sinon en les recherchant avec soin, du moins quand ils lui sont soumis.

Mais il en est d'autres qui ne se sont point produits devant les tribunaux, quoique en fait ils soient identiquement semblables aux premiers.

Je ne veux point défendre ici le concubinage, le laver d'une sorte de réprobation dont il est enveloppé, quoiqu'il représente brutalement le droit naturel ; je suis, avec la majorité des philosophes, un adversaire de la prostitution, mais je crois que, du moment où il n'est point une indignité légale, un état social tel que le concubinage, tout irrégulier qu'il soit, ne met pas la vie et la santé des individus hors la protection des lois.

. Si l'enfant né d'une union illégitime, mis en nourrice chez une fille-mère, donnait à celle-ci un mal contagieux, est-ce que la loi ne trouverait pas quelqu'un à qui elle ferait payer des dommages et intérêts en faveur de cette femme nourrice et mère en dehors du mariage ?

Et quand l'on satisfait ainsi aux justes réclamations de la nourrice, pourquoi pourrait-on refuser une réparation à la mère de l'enfant illégitime frappée du même mal que la nourrice ?

Mais j'aborde un autre genre de considérations.

Dans le concubinage et la prostitution clandestine, comme entre mari et femme, il y a des transmissions nombreuses de syphilis. C'est là, sans contredit, qu'elles sont le plus souvent observées : c'est là qu'est le foyer du mal.

Je n'apprendrai rien au lecteur en lui rappelant comment se passent les faits, ou du moins comment on les peut concevoir.

Par besoin, par coquetterie ou par mauvaise éducation, entourée d'ailleurs de mauvais exemples, une fille est séduite par un homme malade. Quelques semaines après, la maladie est transmise. Le séducteur, mû par le remords ou la crainte des reproches, s'éloigne.

Un autre se présente ; il trouve la fille un peu plus malheureuse qu'avant la première séduction, plus accessible encore que jadis : il devient malade à son tour. La colère, la douleur éloignent cette deuxième victime.

Et ces vicissitudes durent jusqu'au moment où le progrès de tant de maux conduit les malades au médecin.

Il serait sans contredit insensé de croire que les mêmes actes qui ont été punis dans le mariage ne se rencontrent pas dans le concubinage, et qu'ils ne s'y produisent point à tous les degrés de connaissance de cause ou d'imprudence.

Je dirai qu'il existe un préjugé auquel il n'est pas impossible de rattacher un certain nombre de transmissions de maladies vénériennes et syphilitiques.

Ce préjugé, qui a son origine dans quelques phrases des livres des charlatans du moyen âge, les mêmes qui préparaient des élixirs avec du sang humain, et qui nous vient sans doute du peuple arabe, consiste à admettre que des maux rebelles guérissent quand on peut avoir des rapports avec une fille vierge. Monstrueux préjugé ! ridicule et faux autant que funeste, il ne change rien à l'état du misérable, qui fait seulement une victime de plus !

On dira sans doute que de telles pratiques sont tombées dans l'oubli ; je veux le croire, mais reconnaissons-le, si par hasard il est des hommes qui puissent s'en souvenir, quel acte serait plus criminel que leur conduite ? Certes il ne manquerait pas de détours pour ceux qui voudraient nier que leur pensée ait été réellement de choisir un objet propre à leur dessein. Il y a dans l'esprit humain de mauvaises tendances, auxquelles toutes les natures ne résistent point, et ce serait sur elles que rejetteraient la faute ceux qu'on accuserait de préméditation ; mais demeureraient-ils moins coupables ? Si l'on dit que, las des relations qui exposent à des accidents contagieux, on veut chercher des relations plus jeunes et offrant plus de sécurité, on n'en connaît pas moins son mal et on s'expose sciemment à le communiquer. Si, en vertu de cet esprit méchant qui se console de son propre malheur en proportion de celui qu'il voit arriver à autrui, l'individu donnait avec une sorte de satisfaction et comme en représaille de ce qu'il a souffert, tout ou partie de ce qu'il a subi, ne serait-il pas aussi condamnable?

Le lecteur a vu que la séparation de corps a été accordée quand un époux, se sachant malade, avait donné son mal à l'autre époux. Dès l'instant que la loi protège l'époux ou l'épouse, pourquoi refuserait-elle le même avantage à l'homme ou à la femme qui vivent dans le concubinage? Si ce n'est que le titre légal d'époux que l'on protège, disons-le; mais si ce sont les personnes, la notion la plus vulgaire du droit oblige à étendre la protection à tous pour le cas où le même acte porte atteinte à la santé, c'est-à-dire à la vie de la personne. Que le raisonnement ne soit pas d'accord avec la jurisprudence, qu'importe! La morale me paraît au-dessus des formules juridiques. Qu'importe le vieil adage : *Nemo turpitudinem suam allegans auditur*, s'il est une personne à protéger et si une loi peut la protéger efficacement?

Il peut enfin se présenter des cas où celui qui transmet son mal est ignorant, incapable de juger son propre état et de discerner le danger qu'il porte. Vicieux ou entraîné par ses passions, il ne sait point obéir aux recommandations qui lui sont faites, ou il n'y ajoute point foi, et il renouvelle ses imprudences.

En prenant les choses au moins mal, il est constant qu'il s'agit ici d'un être dangereux au même titre que l'aliéné, l'halluciné homicide ou incendiaire. Or, si, dans l'intérêt général, on fait enfermer ce dernier dans une maison de santé où l'on tâche de le guérir, il n'y aurait rien de répugnant à admettre l'utilité de contraindre ceux auxquels nul avertissement ne saurait servir à être retenus dans une maison de traitement. Personne ne niera en effet que, en les laissant libres, on néglige leur propre intérêt et celui de leur entourage.

Pour comprendre la valeur de ce raisonnement, il suffira de jeter les yeux sur les *Comptes moraux de l'Assistance publique de Paris*.

On sait quelle est la durée de la syphilis, et il est à remarquer que la durée moyenne du séjour des syphilitiques à l'hôpital du Midi et à celui de Lourcine ne dépasse pas 29 à 36 jours pour les hommes, et 58 à 65 jours pour les femmes. (Les malades sortent de ces hôpitaux sur leur simple demande, et la moitié au moins sans être guéris.)

La différence de durée de séjour tient à ce que l'on donne de l'ouvrage aux malades de l'hôpital de Lourcine, tandis que les malades du Midi n'ont rien à faire. Sans doute, les hommes ne peuvent résister à l'ennui de l'oisiveté. Dès qu'ils sont améliorés, ils sortent des salles, quoiqu'ils soient dans les conditions de trans-mettre inévitablement leur mal et quoiqu'ils en soient bien avertis.

Je dirai encore à cette occasion qu'il faut déplorer les effets de la liberté dont jouissent ces affiches trompeuses qui s'étalent sur les murs avec ces mots : *guérison en secret et en travaillant*. Elles illusionnent les individus. On ne peut pas jouer plus impunément avec le danger. Guérir en secret ! pourquoi cette promesse ? Est-ce qu'il y a de la honte à être malade ? N'est-ce pas plutôt que l'on veut assurer aux individus qu'il est un lieu où on les traitera de façon à ne les empêcher ni de s'amuser ni de se marier ? Ne serait-ce pas que l'on veut caresser le penchant du malade à cacher son état maladif à ceux qui auraient intérêt à le connaître ? Guérir en travaillant ! c'est-à-dire en s'amusant : l'un sous-entend l'autre. Cela est une promesse encore fausse.

On ne guérit pas les maladies contagieuses sans repos à certains moments et sans demi-repos pendant les premiers mois de la syphilis.

De toutes les remarques que j'ai faites il ressort une conclusion naturelle : la nécessité d'un examen de tous les faits qui entrent dans le ressort des observations du bureau des mœurs, et la nécessité d'une loi appelée à punir l'individu qui communique un mal contagieux à autrui, en connaissance de cause, à forcer à un traitement efficace celui qui est dangereux par son ignorance ou son insouciance, et à rendre, vis-à-vis de leurs victimes, les uns et les autres responsables du mal qu'ils ont causé volontairement ou involontairement.

Cette loi pourrait être formulée de la sorte :

Tout individu qui aura communiqué, en connaissance de cause, un mal contagieux à autrui est passible d'une peine de six mois à deux ans de prison, sans préjudice de séparation de corps, s'il s'agit d'époux.

En cas de récidive, les circonstances atténuantes ne seront pas admises.

Quiconque aura transmis sans le savoir, par imprudence, le mal contagieux est simplement condamnable en dommages-intérêts.

Le tribunal pourra ordonner toutefois sur-le-champ que les malades dangereux et incapables de comprendre le danger qu'ils portent seront soignés dans un hôpital, d'où ils ne sortiront qu'après constatation médicale de la guérison de tous les accidents contagieux [1].

Un autre article devrait être ajouté.

Il faudrait qu'il fût bien démontré que les malades

1. Cette dernière clause n'est pas inacceptable; les soldats syphilitiques traités dans les hôpitaux militaires, même lorsqu'ils ont fini leur temps, sont gardés dans les hôpitaux militaires jusqu'à la guérison.

ont pu être prévenus au moment des premières manifestations de leur maladie. La teneur pourrait être celle-ci :

Tout docteur en médecine, officier de santé ou pharmacien, chargé de soigner, ayant droit ou non, un individu atteint de mal contagieux, qui n'aura pas averti, sur ordonnance, le malade du danger où il est de transmettre son mal, pourra être déclaré civilement responsable.[1].

Enfin, pour ce qui est des maisons de tolérance, on devrait ajouter cet autre article dans la loi :

Toute maîtresse de maison qui aura chez elle une fille malade est condamnable en dommages-intérêts à l'égard des victimes de la contagion dont elle est la cause, même involontaire.

Une telle loi atteindrait-elle la liberté individuelle ? Est-elle un retour à un ancien état de chose justement abandonné, un retour à ces coutumes du passé qui envoyaient tous les malades atteints de maux vénériens dans les prisons ?

---

[1]. Il y a, en effet, un bon nombre de malades qui ne consultent pas de médecins et vont demander aux pharmaciens une eau, des pommades ou des médicaments internes, tels que des sirops dépuratifs. Le pharmacien, tout en soupçonnant le mal de son client, omet souvent de prévenir le malade du danger qu'il porte.

Il y a d'ailleurs des malades qui quittent leur médecin quand il leur fait la recommandation de l'abstinence.

Il ne faudrait pas que les médecins se montrassent complaisants par leur silence.

Personne ne pourrait le dire. Entre les mains du juge elle ne frapperait que des gens en faute, laissant à tous les autres les droits et les sympathies universellement accordés aux malades. Il n'y aurait de peine sévère que pour les individus coupables d'avoir transmis leur mal en connaissance de cause. Sur ce point personne ne nierait que ce serait justice.

A défaut d'accepter la loi proposée, il serait facile de trouver dans le Code cinq articles applicables à tous les cas de transmission de la syphilis; les articles 309, 319 et 320 du Code pénal, relatifs aux coups et blessures, trouveraient leur application. Les articles 1382 et 1383 du Code civil, touchant les quasi-délits et les dommages-intérêts, seraient également applicables pour les cas particuliers où les individus n'auraient point communiqué sciemment leur mal. Les tribunaux n'auraient qu'à recevoir les plaintes des intéressés.

Mais une loi nouvelle serait plus efficace, et elle aurait au moins le mérite de prévenir de suite un certain nombre d'actes coupables.

Je ne me dissimule pas les difficultés qu'entraînerait l'application d'une telle loi, ou des articles des codes marqués ici, je ne dissimule pas les troubles qu'elle pourrait apporter dans la vie privée.

Mais je vois un tel intérêt général à arrêter la propagation de la syphilis, et je trouve l'obstacle si faible en comparaison de l'importance du but à atteindre, que je n'hésite pas à chercher ici d'avance tous les moyens de saisir ce que la morale reconnaît être un délit, et que le monde entier serait prêt à punir, s'il osait en chercher les moyens.

Et d'abord le crime de viol, d'attentat à la pudeur, le castration même, est accompli dans les mêmes conditions que la transmission de la syphilis, en connaissance de cause, et la loi sait les atteindre.

L'on fouille dans la vie privée pour protéger l'enfant contre des père et mère dénaturés.

Que l'on ne me répète pas : l'amour est une passion respectable, il ne faut pas que la loi intervienne dans les événements qui le compliquent. Cette déclaration est une fiction, puisqu'on punit l'adultère.

Ce formalisme est suranné : on a dit de même autrefois du droit sacré du père de famille, et cependant aujourd'hui on intervient légalement pour sauver la vie et les intérêts des enfants contre un père cruel et injuste.

J'irai même plus loin et je montrerai que la loi actuelle frappe des individus coupables que l'amour et une passion violente semblent excuser.

Prenons un exemple :

Une femme nourrit pour son amant un amour jaloux et sauvage; une infidélité la trouble, l'affole; elle songe à se venger. La nuit, elle invite à souper celui qu'elle aime, le grise et pratique sur lui, pendant le sommeil de l'ivresse, une opération barbare et achève le crime qui tombe sous le coup de l'article 316 du Code pénal. Il y aura sans douté des circonstances atténuantes, mais une condamnation est assurée.

On objectera que le consentement de la victime l'expose plus que l'intention de celui qui transmet son mal, et qu'elle n'a pas le droit de se plaindre. Ceci n'est point accepté pour le cas de mariage.

On n'aurait pas eu la hardiesse de dire que la victime était libre de ne pas choisir l'époux qui lui a apporté un mal contagieux.

Je réponds d'ailleurs qu'en admettant même un consentement illégal dans le fait du concubinage ou de la prostitution, le consentement ne s'étend pas à la transmission d'un mal physique, à une atteinte à la santé.

Bien des exemples pourraient être pris dans la loi même et prouveraient tout ce qui est justifiable et plausible dans la recherche du délit de transmission de la syphilis, soit pour ce qui est des lazarets et des cordons sanitaires, soit cet article 459 du Code pénal touchant les bestiaux atteints de mal contagieux.

Je ne place ce dernier argument que pour mémoire. Il y a pourtant de la prison si les propriétaires ou détenteurs de bêtes malades n'ont pas prévenu le maire de la commune. Une telle sollicitude à l'égard d'animaux encore sains exposés à la contagion suffirait pour autoriser toutes les lois propres à prévenir la transmission de la syphilis, à moins qu'on ne place les animaux au-dessus de l'homme et la propriété au-dessus de la santé, c'est-à-dire de la vie.

III

RECHERCHE DU DÉLIT.

Comment rechercher le crime ou délit ?

A cette question, une réponse sera faite : point n'est besoin de rechercher le crime ; les intéressés le découvriront.

On dira que tous les crimes et délits ne seront pas appelés devant la justice, et que la loi aura peu d'effets, soit.

Mais la loi sera un avertissement, et ne punit-elle qu'un individu sur trois, bien des gens seront arrêtés sur la pente de leur passion avant de commettre un acte qui les expose à la prison ou à des dommages-intérêts.

Au reste, on méconnaîtrait la nature humaine, si l'on pensait que peu de gens viendront demander le secours de la justice. Ne voit-on pas des filles séduites présenter à des maires, à des juges de paix, à des avocats, à des avoués, un papier mort sur lequel un séducteur a signé un engagement matrimonial sans valeur ? Ne voit-on pas aussi des individus signaler à la police des filles qu'ils accusent d'avoir la syphilis ?

Au total, la perspective de dommages-intérêts ne serait pas pour les femmes nécessiteuses le moins puissant motif de soumettre les faits à la justice.

Si l'on en augure de ce qui se passe pour les époux, les accusations ou les réclamations paraîtront devant les tribunaux d'une manière fort simple.

La victime ou les parents de la victime porteront plainte en fournissant la preuve qu'il s'agit réellement de celui qu'ils viennent accuser, et il sera procédé comme il est d'usage dans les tribunaux ordinaires. Des indices suffisants conduiront à une expertise médico-légale, et le procès s'engagera.

On dira peut-être aussi que les hommes se garderont de poursuivre celle qui leur aura donné du mal, de peur de faire connaître qu'ils sont malades : cela est très admissible.

Mais si les hommes discrets ne veulent pas user du bénéfice de la loi pour eux-mêmes, ils redouteront de faire des victimes et garderont pour eux seuls leur syphilis, au lieu de la transmettre. Ils ne pourraient plus alors compter sur l'impunité qui leur est assurée aujourd'hui.

La preuve, dit-on, est difficile à fournir.

C'est là une supposition gratuite. Faisons appel à tous ceux qui ont reçu la contagion syphilitique et demandons-leur si, dans presque tous les cas, ils ne savent pas qui leur a donné leur mal.

Prendre les individus sur le fait n'est pas nécessaire, pas plus que lorsqu'il s'agit de viol.

La loi américaine et la loi anglaise, on le sait, autorisent la recherche de la paternité, laquelle porte sur des circonstances aussi insaisissables que le sont celles où est transmise la syphilis.

En Angleterre, une fille est tenue de prouver uniquement qu'elle a vécu seule plusieurs heures avec celui qu'elle accuse. Aux États-Unis, un serment affirmant des relations suffit quelquefois.

Mais le Code français lui-même admet, dans certains cas, la possibilité de constater la cohabitation. Il y a un article additionnel à l'art. 313 du Code civil [1] ainsi conçu :

« En cas de séparation de corps prononcée ou même demandée, le mari pourra désavouer l'enfant qui sera né trois cents jours après l'ordonnance du président rendue en vertu de l'art. 878 du Code de procédure civile, et moins de cent quatre-vingt-dix jours depuis la réconciliation. *L'action de désaveu ne*

[1]. Loi des 12 et 15 novembre et des 6 et 15 décembre 1850.

sera pas admise s'il y a eu réunion de fait entre les deux époux. »

Si cette preuve de la réunion et la preuve du contraire peuvent être faites, elles peuvent l'être pour des réunions de fait suivies de contagion dans des rapports illégitimes,

Même en supposant que l'accusé cherche à introduire un autre individu dans le procès, ce qui serait sans aucun doute le moyen de défense le plus commode, il ne sera pas difficile de démasquer cet artifice ; la justice n'en est pas à redouter ces procédés familiers aux accusés.

Une fois la preuve de la cohabitation fournie par la victime, celui qui a transmis son mal sera confronté avec celui qui a été atteint. Un examen médico-légal, une enquête sur les traitements que le malade a subis et dont il reste des traces, soit dans les hôpitaux, dont il sort le plus souvent sur sa demande non guéri, soit sur le registre des pharmaciens, donnera au juge tous les renseignements pour reconnaître la culpabilité et l'imprudence.

Entrer ici dans de longs développements serait inutile. Les détails sur les caractères physiques pouvant indiquer à l'expert l'âge d'une maladie syphilitique et ses périodes contagieuses sont connus de tous ceux qui ont pratiqué un an ou deux les grands services des syphilitiques. Ce sera une étude médico-légale à bien exposer dans les livres classiques [1].

Les détails sur le mode d'instruction et de distribution d'affaires à des tribunaux différents seront mieux traités par des juristes.

Je me bornerai à faire une dernière remarque, à répondre à une dernière objection.

Le chantage est-il à redouter? Puisqu'il existe pour toutes les accusations de crimes ou de délits, il est certain qu'il se produira dans les accusations de transmission d'un mal contagieux. Mais la loi ne saurait être plus embarrassée dans le dernier cas que dans les premiers [2]. Lorsqu'on saura ce qu'il en coûte d'accuser un innocent et quand l'on sera puni comme un faux témoin, l'on y regardera à deux fois. Il y aura des intimidations; celui qui sera menacé d'une accusation ira effrayer sa victime; des hommes

1. Je puis dire ici que pendant six mois au moins après l'apparition des premiers accidents de la syphilis, on peut retrouver les traces des accidents locaux. Il est même des individus chez lesquels on reconnaît des cicatrices visibles pendant deux ans.

Mais ce qui est plus significatif, c'est l'examen de la gorge, des ganglions et de la peau, c'est l'état général des individus, car l'accident local qui a pu être l'origine de la transmission du mal peut être quelquefois une écorchure éphémère; et une telle lésion, pour être contagieuse, ne peut exister que chez un individu portant le cachet de l'infection syphilitique, et ayant eu dans les mois qui précèdent l'examen, des accidents qui laissent quelques traces.

2. Une addition à l'art. 400 du code pénal touchant le fait du chantage armerait suffisamment le magistrat.

violents vis-à-vis de femmes faibles procéderont par la terreur pour imposer le silence à celle qui voudra les accuser. Tous les criminels et les coupables agissent ainsi ; cela ne saurait empêcher la justice d'avoir son cours. Bien plus, une intimidation elle-même, si elle venait à être découverte, deviendrait une preuve, peut-être la meilleure des preuves.

Après tant de considérations diverses, je laisse au lecteur le soin d'apprécier.

A lui d'interroger le sentiment du droit inscrit dans sa conscience, et de décider si l'acte de trans-mission consciente ou imprudente de la syphilis est seulement un accident sans importance. Qu'il dise enfin s'il vaut mieux respecter des formules juridiques que sauvegarder un grand intérêt général, et si le droit écrit peut rester supérieur au droit qu'enseigne la morale.

Pour moi, en agitant une de ces questions graves qui rapportent aux écrivains plus de défaveur que d'approbation, parce qu'ils sont les premiers à les soulever, j'ai souvent arrêté ma plume, mais je l'ai reprise comme malgré moi, sollicité par l'envie d'être utile. Ce sera là mon excuse ou ma défense, si les hommes de mon époque croient encore que les maux gagnés dans la prostitution et le concubinage vengent la société outragée par de mauvaises mœurs, si l'on croit enfin que gêner le libertinage au nom de la santé publique, c'est porter atteinte à la liberté humaine.

Mais, quand le temps aura passé, qui sait ce qu'il adviendra ? L'Américain, l'Anglais peut-être reprendront l'idée. Ils feront une enquête, et leur esprit pratique leur indiquera vite le texte d'une loi et les moyens de l'appliquer.

Revenant alors chez nous avec la vogue dont jouissent les œuvres étrangères, cette loi sera discutée et rendue plus parfaite, je n'en doute point.

Pour le moment, il peut suffire que nos contemporains comprennent une partie de ce que j'ai exposé. Puissent-ils se bien persuader de cette vérité banale que, si tous les individus malades s'abstenaient de se mettre dans les conditions de donner leur mal, la syphilis disparaîtrait promptement, et que, s'il est un moyen juste et légal de les y obliger, ni les considérations d'intérêts privés, ni la perspective de difficultés pour les magistrats et les médecins, ne doivent empêcher l'accomplissement d'une œuvre de justice.

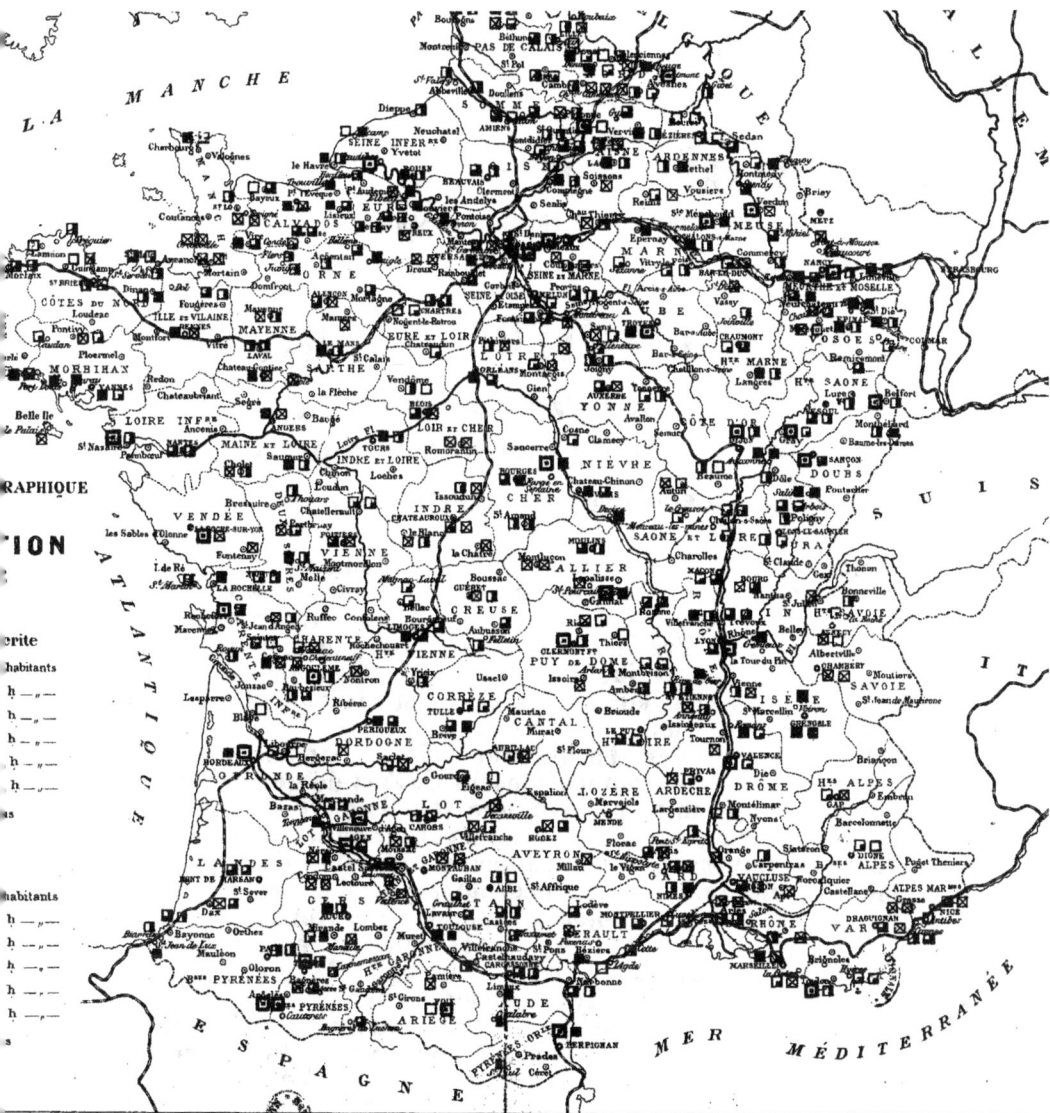

Paris, J.B. Baillière et fils, Éditeurs.

LA MANCHE

CÔTES DU NORD

MORBIHAN

ILLE ET VILAINE

LOIRE INF.

MAINE ET LOIRE

VENDÉE

VIENNE

CHARENTE

HTE VIENNE

CORRÈZE

DORDOGNE

CANTAL

LOT

GIRONDE

LANDES

BSSES PYRÉNÉES

HTES PYRÉNÉES

ARIÈGE

PYRÉNÉES ORLES

AUDE

HTE GARONNE

AVEYRON

LOZÈRE

GARD

HÉRAULT

VAR

ALPES MAR.

BSSES ALPES

HTES ALPES

VAUCLUSE

DRÔME

ARDÈCHE

ISÈRE

SAVOIE

HTE SAVOIE

AIN

RHÔNE

LOIRE

HTE LOIRE

PUY DE DÔME

ALLIER

CREUSE

INDRE

CHER

NIÈVRE

CÔTE D'OR

SAONE ET LOIRE

JURA

DOUBS

HTE SAONE

HTE MARNE

AUBE

YONNE

LOIRET

LOIR ET CHER

INDRE ET LOIRE

SARTHE

MAYENNE

ORNE

CALVADOS

EURE

SEINE INFER.

SEINE ET OISE

SEINE ET MARNE

MARNE

MEUSE

MEURTHE ET MOSELLE

VOSGES

OISE

AISNE

ARDENNES

PAS DE CALAIS

SOMME

NORD

EURE ET LOIR

ESPAGNE

MER MÉDITERRANÉE

ATLANTIQUE

SUISSE

ITALIE

LIBRAIRIE J.-B. BAILLIÈRE & FILS

19, RUE HAUTEFEUILLE PRÈS LE BOULEVARD SAINT-GERMAIN

NOUVEAUX ÉLÉMENTS D'HYGIÈNE

Par Jules ARNOULD

PROFESSEUR D'HYGIÈNE A LA FACULTÉ DE MÉDECINE DE LILLE

1 volume grand in-8° de 1360 pages, avec 234 figures, cartonné. . **20 fr.**

Mon but a été d'o rir aux étudiants et aux jeunes médecins le cadre à peu près complet de l'hygiène, sous une forme abordable à toute personne d'une préparation scientifique moyenne. C'est dire que je me suis refusé, sur bien des points, les développements que la matière eût pu comporter, afin de ne laisser à l'écart aucun des objets sur lesquels il convenait d'appeler l'attention.

Dans les écoles, l'acquisition des connaissances qui, pourtant, ne sont que les *moyens* de l'art de guérir, et aussi de l'art de prévenir, prélève une lourde part du temps des études, quand elle ne le prend pas tout entier. Il n'est peut-être pas impossible de modifier cet état de choses; mais il faudra toujours, pour être médecin, savoir d'abord l'anatomie, la physiologie, la pathologie générale, etc. Après tout, l'hygiène elle-même a besoin de ces sciences et de quelques autres; elle en est la synthèse. Seulement, la préparation est si longue qu'elle laisse peu de place à la science d'applications. Cependant, l'hygiène préoccupe aujourd'hui un peu tout le monde, et il est certain que, de plus en plus, le médecin ne sera pas consulté rien que par des malades. Les familles, les associations et les établissements de bienfaisance, les grandes industries à personnel nombreux, les administrations publi-ques, sollicitent de lui, chaque jour, des formules qui ne sont pas dans le *Codex.*

Prévenir le jeune médecin des questions qui se présen-teront, lui en montrer les faces diverses et l'étendue, préparer sa réponse et, sans lui dicter aucune formule, le mettre à même de légitimer celle qu'il fournira, ce ne peut être qu'utile et désirable, pour l'intérêt public et pour l'honneur médical.

Si l'on reconnaît que je me suis approché de ce but, la ten-tative actuelle sera suffisamment justifiée.

(*Extrait de la Préface de l'auteur.*)

Les *Nouveaux éléments d'hygiène* se divisent en trois parties :

1re PARTIE. **Hygiène générale : I.** *Du sol* (constitution, capacité du sol pour la chaleur, les gaz et l'eau, état de la surface, eaux libres et ter-

ENVOI FRANCO CONTRE UN MANDAT POSTAL.

restres); II. *De l'atmosphère* (éléments normaux, éléments accidentels, propriétés physiques); III. *Des habitations privées et collectives* (choix et préparation du sol, construction, l'habitation milieu respiratoire, l'habitation milieu thermique, éloignement des immondices, approvisionnement d'eau; IV. *Du vêtement et de la propreté corporelle;* V. *De l'alimentation des boissons* (aliments proprement dits, condiments, boissons); VI. *De l'exercice et du repos.*

2° PARTIE. **Hygiène spéciale :** I. *L'homme considéré comme groupé dans l'animalité;* II. *Les groupes ethniques;* III *Le groupe infantile, hygiène de l'enfance;* IV. *Le groupe scolaire;* V. *Le groupe industriel;* VI. *Le groupe militaire et marin;* VII. *Le groupe urbain;* VIII. *Le groupe rural;* IX. *Les malades et les maladies* (le malade à domicile, le malade à l'hôpital, les malades vis-à-vis des individus sains; prophylaxie internationale); *Assainssement de la mort.*

3° PARTIE. **Législation sanitaire et organisation de l'hygiène publique.** *France* (Hygiène publique à l'intérieur, hygiène municipale, organisation sanitaire extérieure, police sanitaire des animaux), *Angleterre, Belgique, Allemagne, Autriche, Italie, Hollande, Suisse, États-Unis du Nord, Amérique.*

RECUEIL DES TRAVAUX

DU

COMITÉ CONSULTATIF D'HYGIÈNE PUBLIQUE

DE FRANCE

et des Actes officiels de l'administration sanitaire

PUBLIÉ PAR ORDRE DE M. LE MINISTRE DE L'AGRICULTURE ET DU COMMERCE

Tome I à X (1872-1881). Ensemble 11 vol. in-8° de 400 à 500 pages.   87 fr.

Chaque volume se vend séparément 8 fr., sauf le tome II, 2° partie, consacré à un rapport du Dr Baillarger sur le goître et le crétinisme (1 vol. in-8° de 316 pages, avec 3 cartes), qui ne se vend pas séparément de la collection.

Cette importante collection comprend les travaux de MM. BAILLARGER, BERGERON, BOULEY (H.), BUSSY (A.), DAVENNE, DUBRISAY, DURAND-FARDEL, FAUVEL, GAVARRET (A.), GUIFART, ISABELLE, LATOUR, LACOUEST, LÉVY (M.), LHÉRITIER, MULTZER, NIVET, PROUST, RABOT, ROCHARD (J.), ROLLET, ROUX (J.), SUQUET, TARDIEU (A.), THÉLAT (Émile), VALLIN, VILLE (G.), VILLERMÉ, WURTZ, etc.

Ce *Recueil* a le caractère d'archives dans lesquelles on peut suivre la marche et les progrès de l'hygiène publique et administrative; il contient des rapports et des mémoires sur toutes les questions afférentes aux sujets suivants : 1° services sanitaires extérieurs; 2° conseils d'hygiène et de salubrité des départements; 3° épidémies et endémies, et maladies contagieuses; 4° salubrité, police sanitaire; 5° hygiène industrielle et professionnelle; 6° denrées alimentaires et boissons; 7° exercice de la médecine et de la pharmacie; 8° eaux minérales; 9° art vétérinaire, épizooties.

ENVOI FRANCO CONTRE UN MANDAT POSTAL.

ANNALES D'HYGIÈNE PUBLIQUE

ET DE

MÉDECINE LÉGALE

PAR

MM. ARNOULD, E. BERTIN, E. BOUTMY, P. BROUARDEL, L. COLIN,
O. DU MESNIL, FONSSAGRIVES, FOVILLE, T. GALLARD,
GAUCHET, A. GAUTIER, CH. GIRARD, HUDELO, JAUMES, LACASSAGNE,
LAGNEAU, LHOTE, LUTAUD, MORACHE, MOTET, POINCARÉ,
RIANT, RITTER, ET TOURDES.

AVEC UNE REVUE DES TRAVAUX FRANÇAIS ET ÉTRANGERS

Directeur de la rédaction : le docteur P. BROUARDEL

PROFESSEUR DE MÉDECINE LÉGALE A LA FACULTÉ DE MÉDECINE DE PARIS

La *troisième série* paraît depuis le 1er janvier 1879, par cahier mensuel
de 6 feuilles in-8° (96 pages), avec figures.

Prix de l'abonnement annuel : Pour Paris, 22 fr. — Pour les départements,
24 fr. — Pour l'Union postale, 1re série, 25 fr. — 2e série, 27 fr. — Pour
les autres pays, 30 fr.

1re *Série*. — Collection complète (1829 à 1853), 50 vol. in-8°, avec figures et
planches, 550 fr.

Tables alphabétiques par ordre des matières et des noms d'auteurs de la
1re série. Paris, 1854, in-8°, 136 pages à 2 colonnes, 3 fr. 50.

2e *Série*. — Collection complète (1854-1878), 50 vol. in-8°,
avec figures et planches, 470 fr.

Tables alphabétiques par ordre des matières et des noms d'auteurs de la
2e série. Paris, 1880, 1 vol. in-8°, 130 pages à 2 colonnes, 3 fr. 50.

3e *Série*. — Années 1879 à 1882, 8 vol. in-8°, avec figures, 88 fr.

Pour montrer l'importance pratique de ce recueil, nous publions la liste
des principaux articles parus pendant les quatre dernières années :

Tomes I et II (1879). — ADAM, Analyse du lait. — ARNOULD, Conditions
de salubrité des ateliers de gazage dans les filatures de coton ; Atmosphère
de la ville de Lille. — BÉRANGER FÉRAUD ET PORTE, Empoisonnement par le
perchlorure de fer. — BERTIN, Hôpital Saint-Éloi de Montpellier. — BROUAR-
DEL, Viol pendant le sommeil hypnotique ; Détermination de l'époque de la
naissance et de la mort d'un nouveau-né, faite à l'aide de la présence des
larves et des chenilles d'aglosses. — COLIN, La peste en Russie. — COUTAGNE,
Morsure des animaux domestiques au point de vue de l'identité. — DU MES-
NIL, Maisons ou dépôts mortuaires de Paris ; Revaccination des ouvriers ve-
nant prendre du travail à Paris. — GAUTIER (Arm.), Conserves alimentaires
reverdies au cuivre. — HUREL, Les Écoles de village en Normandie. —
JAUMES, Application du forceps, par un officier de santé. — LAGNEAU, Cré-
mation des morts. — MIQUEL, Poussières organisées de l'atmosphère. —

MOTET, Le suicide et l'aliénation mentale dans les prisons de la Seine. — PENARD (Louis), Rétablissement des tours. — POTAIN, Intoxication saturnine par l'ingestion de balles de plomb.

Tomes III et IV (1880). — ARNOULD, Vulgarisation de l'usage du bain. — BOUTMY, Empoisonnement par les alcaloïdes. — BROUARDEL, Pédérast'e; Appareils frigorifiques à la Morgue; Verdissage des conserves alimentaires au moyen de sels de cuivre. — BROUARDEL ET BOUTMY, Alcaloïdes cadavériques (ptom'ines); Taches de sperme. — BROUARDEL ET VIBERT, Submersion. — DELPECH, Premiers symptômes des maladies contagieuses dans les salles d'asile et les écoles primaires; Dépôts de ruches d'abeilles dans la ville de Paris — DU MESNIL, Surveillance médicale des Écoles; Transport des malades atteints d'affections contagieuses dans les voitures publiques. — EVRARD, Expériences sur le cadavre d'un supplicié. — FOLEY, Statistique de la Morgue. — FOURNIER (Alfred), Simulation d'attentats vénériens sur de jeunes enfants. — FOVILLE, Le Criminel. — JAUMES, Procédés pour relever les empreintes sur le sol. — LUTON, Alcoolisme latent professionnel. — MALMSTEN, Maladies simulées. — MANOUVRIEZ, Empoisonnement par le chlorate de potasse. — MORACHE, Taches du sang humain. — MOTET, Morts accidentelles et suicides en France; Protection de l'enfance abandonnée ou coupable. — PASTEUR ET COLIN, Études publiques pour la désinfection. — REY, Maladies parasitaires suivant les climats et les races.

Tomes V et VI (1881). — ARNOULD, Organisation et législation sanitaires; Les Echinocoques de l'homme et les ténias du chien. — BOUTMY ET DESCOUST, Action asphyxiante des eaux vannes. — BROUARDEL, Antagonisme de l'atropine et de la morphine; Vols aux étalages. — BROUARDEL ET BOUTMY, Réaction des ptomaïnes. — BROUARDEL ET LHOTE, Intoxication par le chlorate de potasse. — COLIN, Epidémie de variole des Esquimaux; Rage humaine; Canal de Tancarville. — DUBRISAY, Conservation des substances alimentaires par l'acide salicylique. — DU MESNIL, Laboratoire municipal de chimie de la ville de Paris; Mesures administratives contre la trichinose; L'eau est-elle nécessaire dans les habitations? — FOVILLE, Dispensaires pour enfants malades. — GAUTIER, Alcaloïdes cadavériques; Intoxication par le plomb. — HEYMAN, Composition de l'air dans les Ecoles. — JAVAL, Eclairage électrique au point de vue de l'hygiène de la vue. — LABOULBÈNE, Infection par les trichines. — LAMOUROUX, Maisons mortuaires à Paris. — LASSÉGUE, Vols aux étalages. — LEGRAND DU SAULLE, Vols aux étalages. — LUTAUD, le secret médical et les déclarations de naissance. — MOTET, Accès de somnambulisme spontané et provoqué. — PABST, Falsification du lait à Paris. — POINCARÉ, Fabrication des objets en carton vernissés et laqués; Altérations pulmonaires produites par le séjour dans les usines à gaz; Hygroscopicité des matériaux de construction; Influence de la parturition sur la mortalité. — RIANT, Hygiène du cabinet de travail. — SCHÜTZENBERG ET BOUTMY, Boîtes de conserves alimentaires. — TARNIER ET BROUARDEL, Inculpation d'avortement. — VIBERT, L'hypnotisme au point de vue médico-légal.

Tomes VII et VIII (1882). — ARNOULD, Pénurie de viande en Europe. — BERTIN, Problème de la myopie scolaire. — BROUARDEL, Mort subite pendant la durée d'une colique hépatique; Evacuation des vidanges. — COLIN, Travaux exécutés dans des terrains marécageux. — DU MESNIL, Infection du sol par les puisards; Dépôts de voirie de la ville de Paris; La cité des Kroumirs. — GAUTIER (A.), Absorption continue du plomb par notre alimentation; Chauffage des voitures publiques. — HUDELO, Constructions neuves dans Paris. — LUTAUD, Assassinat du président des Etats-Unis, Autopsie. — PELLEREAU, Ruptures de la rate. — RABOT, Le calorifère mobile.

ENVOI FRANCO CONTRE UN MANDAT POSTAL.

POITIERS. — IMPRIMERIE OUDIN.

LIBRAIRIE J.-B. BAILLIÈRE & FILS
19, RUE HAUTEFEUILLE
PRÈS DU BOULEVARD SAINT-GERMAIN

LA

PROSTITUTION EN FRANCE

ÉTUDES MORALES

ET DÉMOGRAPHIQUES

AVEC UNE STATISTIQUE GÉNÉRALE DE LA PROSTITUTION EN FRANCE

Par le Docteur Armand DESPRÉS

CHIRURGIEN DE L'HÔPITAL DE LA CHARITÉ,
PROFESSEUR AGRÉGÉ DE LA FACULTÉ DE MÉDECINE DE PARIS,
ANCIEN CHIRURGIEN DE L'HÔPITAL DE LOURCINE

1 VOL. IN-8°, AVEC 2 PLANCHES COLORIÉES

Prix. . . 6 fr.

Il s'est fait dans notre pays, depuis six ans, un certain bruit autour de la question de la prostitution.

Les uns y ont trouvé un motif de propagande religieuse ; le mouvement a commencé dans la haute société protestante de Paris, et il y continue ;

Les autres en ont fait malheureusement une question politique.

Mêlé à l'un et à l'autre mouvement à cause des recherches et des travaux que j'ai publiés sur cette question, je n'ai pas tardé à être convaincu que la religion et la politique sont des passions exclusives, qu'elles voilent toujours un côté des questions qu'elles abordent, et que leur but, toujours déter-

ENVOI FRANCO CONTRE UN MANDAT POSTAL.

miné à l'avance, les empêche de faire éclater la vérité scientifique, c'est-à-dire la vérité confirmée par l'expérience.

J'ai cherché ailleurs.

Avant de réformer les mœurs ou les lois d'un pays, la première chose à faire est de savoir quelles sont ces mœurs, et quel est le genre de vie de ceux que l'on veut rendre plus libres ou assujettir davantage. Avant de réformer les règlements et les abus de la prostitution en France, la première chose à faire est de savoir où en est la prostitution.

De là l'idée de ce travail, qui n'est autre que la statistique de la prostitution en France.

Nous avons pensé, M. le docteur Lunier et moi, qu'il était utile de recenser le personnel de la prostitution inscrite et de la prostitution libre ou clandestine. Grâce au concours du Ministère de l'Intérieur et de M. le docteur Lunier, cette tâche m'a été facile.

Les renseignements que nous avons reçus sont aussi précis que peuvent l'être les renseignements fournis par l'administration et la police française.

Nous avons alors entrepris une statistique par les procédés scientifiques, et nous en avons tiré les remarques qui suivent.

Nous avons établi, pour être joint à ce travail :

Un diagramme (pl. I, p. 37), destiné à montrer l'état de la prostitution libre et de la prostitution inscrite par département, et nous y avons ajouté le tracé de la richesse individuelle et du coefficient de l'accroissement de la population ;

Plus, une carte de la prostitution par ville (pl. II, p. 104), montrant la *distribution géographique de la prostitution en France*.

C'est après avoir édifié ce diagramme et cette carte que nous avons peu à peu acquis cette conviction, qui sera sans doute celle du lecteur, à savoir que la prostitution est répandue en France d'une manière à peu près générale et dans une trop grande proportion par rapport à la population.

On ne sera pas moins frappé de ce fait, que la prostitution suit la richesse individuelle avec une grande régularité, et que l'accroissement de la population est en raison inverse de la prostitution et de la richesse individuelle. Il faut donc renverser cette ancienne proposition que « *la misère engendre la prostitution.* »

Nous avons ajouté, après la statistique de la prostitution en France, quelques remarques sur la dépopulation en France et sur ses relations avec la prostitution.

Là, ce ne sera plus seulement l'absence des mariages qui devra être incriminée, ce sera la nature des mariages et la santé des époux.

Enfin, il nous a paru utile de reproduire une ancienne proposition destinée à atténuer les effets de la prostitution sur la santé publique.

A. D.

A LA MÊME LIBRAIRIE :

ARNOULD. — **Nouveaux éléments d'hygiène**, par Jules ARNOULD, professeur d'hygiène à la Faculté de médecine de Lille. 1882. 1 vol. in-8° de 1360 pages, avec 284 figures, cartonné.   20 fr.

BERGERET. — **Les passions**, dangers et inconvénients pour les individus, la famille et la société, hygiène morale et sociale. 1878. 1 vol. in-18 jésus, 250 pages.   2 fr. 50

BOUDIN (J.-Ch.-M.). — **Traité de géographie et de statistique médicales, et des maladies endémiques**, comprenant la météorologie et la géologie médicales, les lois statistiques de la population et de la mortalité, la distribution géographique des maladies, et la pathologie comparée des races humaines. 2 vol. grand in-8°, avec 9 cartes et tableaux.   20 fr.

BOURGEOIS (L.-X.). — **Les passions dans leurs rapports avec la santé et les maladies.** — **L'amour et le libertinage.** 1 vol. in-18 jésus de 214 pages.   2 fr.

CORNIL. — **Leçons sur la syphilis** faites à l'hôpital de Lourcine, par V. CORNIL, professeur à la Faculté de médecine de Paris. 1 vol. in-8°, ix-182 pages, avec 9 pl. lithographiées et figures.   10 fr.

CROS (F.-A.-A.). — **La dépopulation en France.** Causes, remède au mal. In-8°.   1 fr. 25

DECHAUX. — **La femme stérile**, 1882, 1 vol. in-18 jésus de 240 pages.   2 fr. 50

DIDAY. — **Exposition critique et pratique des nouvelles doctrines sur la syphilis**, suivie d'un Essai sur de nouveaux moyens préservatifs des maladies vénériennes, par P. DIDAY, ex-chirurgien de l'Antiquaille. 1 vol. in-18 jésus de 560 pages.   4 fr.

FONSSAGRIVES. — Hygiène et assainissement des villes; campagnes et villes; conditions originelles des villes; rues; quartiers; plantations; promenades; éclairage· cimetières; égouts; eaux publiques; atmosphère; population; salubrité; mortalité; institutions actuelles d'hygiène municipale; indications pour l'étude de l'hygiène des villes. 1 vol. in-8° de XII-568 pages.   8 fr.

FRÉGIER. — Des classes dangereuses de la population dans les grandes villes et des moyens de les rendre meilleures (ouvrage récompensé par l'Institut), par A. FRÉGIER, chef de bureau à la préfecture de la Seine. 2 vol. in-8°.   14 fr.

GUERRY. — Statistique morale de l'Angleterre, comparée avec la statistique morale de la France. 1 vol. grand in-fol. avec 17 pl., cart.   100 fr.

JEANNEL. — De la prostitution dans les grandes villes, au dix-neuvième siècle, et de l'extinction des maladies vénériennes; questions générales d'hygiène, de moralité publique et de légalité, mesures prophylactiques internationales, réformes à opérer dans le service sanitaire; discussion des règlements exécutés dans les principales villes de l'Europe. Ouvrage précédé de documents relatifs à la prostitution dans l'Antiquité. *Deuxième édition,* 1 vol. in-18 jésus de 650 pages, avec figures.   5 fr.

JOLLY. — Le tabac et l'absinthe, leur influence sur la santé publique, sur l'ordre moral et social, par Paul JOLLY, membre de l'Académie de médecine de Paris. 1 vol. in-18 jésus.   2 fr.

JULLIEN (Louis). — Traité pratique des maladies vénériennes, 1 volume in-8° de 1120 pages, avec 127 figures, cartonné. 20 fr.

LEVY (MICHEL). — **Traité d'hygiène publique et privée,** par MICHEL LEVY, directeur du Val-de-Grâce, *Sixième édition,* 2 volumes grand in-8°, ensemble 1900 pages, avec figures.   20 fr.

PARENT-DUCHATELET. — De la Prostitution dans la ville de Paris, considérée sous le rapport de l'hygiène publique, de la morale et de l'administration; ouvrage appuyé de documents statistiques puisés dans les archives de la préfecture de police. *Troisième édition,* complétée par des documents nouveaux et des notes, par MM. A. TRÉBUCHET et POIRAT-DUVAL, chefs de bureau à la préfecture de police, suivie d'un précis hygiénique, statistique et administratif sur la prostitution dans les principales villes de l'Europe. 2 volumes in-8° de chacun 750 pages, avec cartes et tableaux.   18 fr.

ROUBAUD (Félix). — Traité de l'impuissance et de la stérilité, chez l'homme et chez la femme, comprenant l'exposition des moyens recommandés pour y remédier. 3e *édition.* 1 vol. in-8° de 804 pages.   8 fr.

TARDIEU. — Etude médico-légale sur les Attentats aux mœurs. *Septième édition,* 1 vol. in-8°, avec 5 planches.   5 fr.

ENVOI FRANCO CONTRE UN MANDAT POSTAL.

Poitiers. — Typ. OUDIN.

Défauts constatés sur le document original

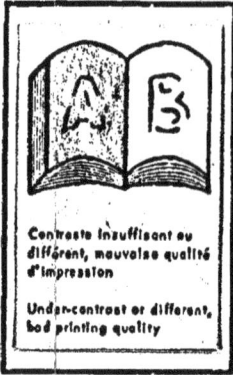

Contraste insuffisant ou différent, mauvaise qualité d'impression

Under-contrast or different, bad printing quality

www.ingramcontent.com/pod-product-compliance
Lightning Source LLC
Chambersburg PA
CBHW062219270326

41930CB00009B/1793